中公文庫

哲 学 ノ ー ト

三 木　清

中央公論新社

序

　これは一冊の選集である。即ち「危機意識の哲学的解明」という最も古いものから、「指導者論」という極めて最近のものに至るまで、私の年来発表した哲学的短論文の中から一定の連関において選ばれたものであって、その期間は『歴史哲学』以後『構想力の論理』第一を経て今日に及んでいるが、必ずしも発表の順序に従ってはいない。程なく『構想力の論理』第二を世に送ろうとするに先立って、私は書肆の求めによってこの一冊の選集を作ることにした。ここに収められた諸論文は如何にして、また何故に、私が構想力の論理というものに考え至らねばならなかったかの経路を直接或いは間接に示していると考えるからである。

　これらの論文はたいてい当初からノートのつもりで書かれたものである。種々様々の題目について論じているにも拘らず、その間に内容的にも連関が存在することは注意深い読者の容易に看取せられることであると思う。もとより私はそれらを単に私の個人的な関心からのみ書いたのではない。現実の問題の中に探り入ってそこから哲学的概念を構成し、これによって現実を照明するということはつねに私の願であった。取扱われている問題はこの十年近くの間、少くとも私の見るところでは、我が国において現実の問題であったのであり、今日もその現実性を少しも減じていないと考える。その間私にとって基本的な問題は危機と危機意識の問題であったのである。

私のノートであるこの本が諸君にもノートとして何等か役立ち得るならば仕合である。すでにノートである以上、諸君が如何に利用せられるも随意である。必ずしもここに与えられた順序に従って読まれることを要しないであろう、――初めての読者は比較的理解し易いものを選んで読み始められるのが宜い。その選択はすでに諸君の自由である。私が示した問題解決の方向に諸君がついてゆかれるかどうかはもとより諸君の自由である。ただ、これはノートである以上、諸君がこれを完成したものとして受取られることなく、むしろ材料として使用せられ、少くとも何物かこれに書き加えられ、乃至少くとも何程かはこれを書き直されるように期待したいのである。

昭和十六年（一九四一年）十月廿一日

三　木　　清

哲学ノート　目次

哲学ノート

新しき知性

いったい知性に時代というものがあるであろうか。知性には旧いも新しいもなく、むしろつねに同一であるということが知性の本質的な特徴であると考えられるであろう。知性には論理というものがあり、この論理は知性が時間と空間を超えてつねに同一であるように定めているといわれるであろう。しかしながら論理にも発展がある。我々は論理の歴史をもっているのである。すべて新しい哲学は新しい論理の発見によってはじめて、本質的に新しいものとして構成されるとすれば、哲学に歴史があるように知性にも歴史があると考えることができるであろう。知性にしても純粋な空虚の中で活動し得るものではない。知性が対象を捉える方法は対象の異るに従って異るべき筈である。対象に制約されるということはもとより知性に自律性が存しないということではない。対象が方法を規定すると共に、逆に方法が対象を規定する。対象に対して構成的でないような方法というものはない。しかし自律的であるといっても、知性はそのかかわる対象の異るに応じて自己の新しい側面を発現し、或いは自己を新たに形成し、かくて発展してゆくのである。知性というものも具体的に見ると全体的な人間の一つの作用にほかならない。従ってそれは感覚、感情、衝動、意志などと種々の連関を含んでいる。これらのものと如何なる関係に立つかということが知性の性格を決定するであろう。そして現実の人間は歴史的社会的な人間である。知性も現実の人間の作用の一つとしてつねに一定の歴史的環境において働くことを要求されている。知性は自律的であり、自律的でないような知性はないが、知性が自律的であるというのは環境から分離して孤立することではなく、それぞれの歴史的環境において自己を確立してゆくことでなければならない。歴史的環境の異るに従って、或る時代の知性は特に批評的であり、他の時代の知性は特に創造的であるというようなことも生ずるであろう。

かようにして知性に時代の如きものが考えられるとすれば、知性の新時代或いは二十世紀の知性ともいうべきものは如何なるものであろうか。この場合まず知性に対する不信乃至否認こそ我々の時代の特徴であると考えられるであろう。知性の清算、主知主義の克服こそ新時代的であり、自己の退却、自己の王位返上に努力することこそ今日の知性にふさわしいと主張されている。ところで歴史的に見ると、知性の排斥は何よりも近代文化に対する批判の中から生れたのである。近代は機械の時代であるといわれる。しかるに機械の発達は人間を機械の奴隷に化し、人間生活のうちに種々の非人間的なものを作り出した。

機械の発達は人間性を破壊するに至ったが、これは科学の発達の結果である。従って人間性を擁護するために機械を排斥し、その基礎である科学、そして知性を弾劾しなければならぬと考えられた。ここに我々は知性の排撃が実に人間性擁護のヒューマニズムの立場から現われたという事情に注意することが肝要である。即ち逆にいうと、今日知性の擁護はまさにヒューマニズムの立場において行われることを要求されている。尤もこのヒューマニズムは新しい知性の確立によって新しいものにならなければならないであろう。

人間性の擁護が知性の排撃になったということは現代のパラドックスである。人間の人間である本質、それによって人間が動物から区別される特徴は知性であると古くから考えられてきた。しかるに今では人間性を擁護するために知性が排斥されることになったのである。知性は人間の本性に属するよりもむしろこれを破壊するもののように見られている。そして人間性即ち人間の「自然」として主張されるのは本能であり、衝動であり、すべてパトス的なものである。知性は人間をこの自然から離反させ、かくして人間を滅亡に導くものと考えられるようになった。これに対して我々はもちろん当然反問することができる。知性もまた人間の「自然」であるのではないか。知性を自然の反逆者と見るよりも、むしろ本能でさえもが或る知的なもの即ち「自然のイデー」と見らるべきではないか。そしてこのように見ることがヒューマニズムの精神に合致するのではないであろうか。

いずれにしても今特に次のことが指摘されねばならない。知性の排斥が右の如くいわゆる機械文明に対する批判を通じて現われたところからも分るように、知性は現代においては主として「技術的知性」の意味に理解されるようになったのである。これは知性そのものについての新しい見方である。現代の反主知主義のみでなく、現代の主知主義もまた、知性の本質に関するかような見方によって、旧い時代の反主知主義からと共に旧い時代の主知主義から区別される。プラグマティズムが現代の主知主義はもとより、現代の反主知主義をも種々の仕方で特徴附けているのはこれに依るのである。附帯的な意味を離れて本質的な意味に従って考える場合、プラグマティズムとは知性の技術的本性の理解にほかならないといい得るであろう。近代における人間観の変遷即ち homo sapiens（理性人間）の人間学から homo faber（工作人間）の人間学への推移も、このような知性の本質についての把握の変化によって規定されている。そこで技術の哲学が今日極めて重要な意味を持つことになったのである。科学の哲学はすでに近代社会の初期から存在したが、技術の哲学が顧みられるようになったのは比較的新しいことであり、新時代の特徴的な問題の一つに属している。

いま科学と技術とを比較するとき、知性は科学において自然から独立になり、そして技術において再び自然に還るということができるであろう。固より科学は自然の法則を対象とし、その際また科学は経験に基かなければならぬ。しかし知性が自然のうちに沈んでいる限り科学は生れてこない。人間は知性によって自然から独立になり、かくして自然を客観的に眺め、自然について科学的知識を持つことができる。しかるに科学が技術に転化されるということは一旦自然から脱け出した知性が或る意味において再び自然に還ることである。技術において知識は物体化され、科学の抽象的な法則は形のある具体的なものになる。元来科学の法則はそのように形のある具体的な自然の奥深く探り入り、抽象によって得られたものである。自然そのものがもと技術的であって、我々の直観に直接与えられている自然は自然の技術によって形成されたものと見ることができる。物質的生産にかかわりのない我々の精神的技術においても知識は習慣化されることによって「第二の自然」となる。このように知性は技術において自然に還ると考えることができるとすれば、知性を専ら技術的知性の意味に理解しようとする者が知性を自然の反逆者のように考えることは矛盾であるといわねばならぬであろう。技術的知性こそ自律的な知性と自然との間に内面的な関係を建てるものである。知性は単に自然に反逆すると見らるべきでなく、むしろ知性に対して自然といわれる本能の如きものにおいてもその技術性が明かにされ、かくしてその知的性質が示されなければならない。反主知主義者ももちろん、知性を技術的知性と見ることによって知性と自然との連絡を考えている。しかし彼等はそれによって同時に知性の自律性を否定しようとするのである。即ち知性は衝動の記号にほかならず、知性の言語は衝動の記号言語に過ぎないといわれる。しかるにもし知性が衝動の記号に過ぎないとしたならば、知性の産物であるところの文化が如何にして彼等の主張するように人間の自然を抑圧し得るであろうか。人間の作った文化が人間に対立するというには、文化が自律的なものであるということ、従って知性が自律的なものであるということがなければならない。技術の根柢に科学がなければならぬと考えられるのも、そのことを示している。言い換えると homo sapiens と homo faber とは区別されながら一つのものでなければならない。人間は作ることによって知り、知ることによって作る。技術は生産的行為の立場に立っている。科学も元来技術的要求から生れたものであり、またその結果において技術に利用されるのである。科学はその動機において、その帰結において、実践と結び附くにしても、科学が成立するためには一旦実践の立場を離れて純粋に理論的な立場に立つことが必要である。しかもかようにして却って科学は真に技術の発達に役立ち得るのである。

近代の機械的乃至技術的文化の弊害として咎められるものは、単に機械乃至技術の罪でなく、むしろこれを利用する社会の一定の組織の罪である。機械は人間の労働を軽減し、かくして人間がその余剰の時間を自己の人格の自由な発達のために使用することを可能にするであろう。機械はまた精神的文化財が大衆化されることを可能にするであろう。それ故に技術の発達は新しいヒューマニズムの基礎でなければならない。しかるに反対の結果になっているとすれば、原因は社会にあると考えられる。人類は自然に対しては知性的に活動してきたが、社会に関しては同様に知性的でなかった。知性は今日何よりも社会に向って働かなければならない。技術の弊害といわれるものは技術のより進んだ発達によって、同時に他方この技術を社会的に統制することによって除かれ得るであろう。技術の発達そのもののためにも或る統制が必要である。ところでこのような統制はそれ自身一つの技術に、即ち自然に対する技術とは異る社会に対する技術に属している。今日重要な意味をもっているのはこのいわば技術を支配する技術である。新時代の知性は特に社会的知性でなければならぬということができる。社会的知性はその対象の性質に従って自然に対する知性とは性格を異にするであろう。

しかるに今日においては社会についても自然が重んじられるようになったことに注目しなければならぬ。そしてこの場合にもまた知性は何か自然に反するもののように排斥されている。例えば民族とはパトス的な結合である。パトスとは主体的に理解された自然のことである。民族はつねに深く伝統に根差している。伝統とは何かというと、パトス的になったロゴスのことである。知的文化も伝統となることによって習慣的になるのであるが、習慣的になるということは知性が自然のうちに沈むことである。民族的知性というものはこのような伝統的な知性である。それ故に伝統とか民族的知性とかが考えられるためには、技術的知性の場合と同じように、自然と知性、パトスとロゴスの結び附きが考えられなければならない。単に自然的なものは文化とはいわれないであろう。文化が生れるためには知性が自然から独立になること或いは知性が自律的に働くことが必要である。伝統といっても固より単に自然的なものではない。伝統があるためには文化が以前に作られなければならぬ。そして文化が作られるためには知性が伝統に対して自律的に活動すること、従ってまた伝統に対して批判的な態度をとることが必要である。科学なしには技術も考えられないように、知性の自律的な活動なしには新しい伝統となるべき文化の創造はもとより、旧い伝統が文化として存在するということも考えられないであろう。

知性は空間的なものと見られてきた。時間的なものを空間化し、時間的個別性を捨てて空間的一般性において物を見るのが知性であるといわれてきた。ところで今日強調されている民族の如きものは自然的なものとして固よりどこまでも空間的なものであるが、単に一般的なものでなくて個別的なものであり、従って他方同時にどこまでも時間的なものである。すべて歴史的なものは時間的・空間的なものである。民族の如きも単なる自然でなくむしろ歴史的自然である。歴史的なものは文化的なものでなければならず、文化的なものは知性の自律的な活動なしには作られない。けれども歴史と自然とを抽象的に対立させることも間違っている。真の歴史は却って歴史と自然とが一つであるところに考えられる。新しい知性はかような具体的な意味において歴史的知性でなければならない。歴史的知性とは如何なるものであるかが今日の問題である。

解決を求められているのは到る処同じ問題である。私は数年来この問題をロゴスとパトスの統一の問題として規定してきた。ヒューマニズムはその本来の意図において全人的立場に立つものとすれば、かようなロゴスとパトスの統一の問題はまさにヒューマニズムの根本的な問題である。現代の反主知主義の哲学は一面的にパトロギー的となることによってヒューマニズムから逸脱している。しかしながらこれに対して抽象的な主知主義を唱えることもヒューマニズムにふさわしいことではない。ヒューマニズムは知性を一層具体的に捉えると共にロゴスとパトスの統一を求めなければならぬ。ヒューマニズムは単なる文化主義ではない。それはむしろ文化が身につくこと、身体化されること、或いは人間そのものが文化的に形成されることを要求している。それ故にここにもロゴスとパトスの統一の問題がある。

かようにして我々は先ず知性と直観とを抽象的に対立させることをやめなければならない。西洋におけるヒューマニズムの源泉となったギリシア哲学においては知性も或る直観的なものであった。直観的な知性を認めるのでなければプラトンの哲学は理解されないであろう。ルネサンスのヒューマニズムにおいても同様である。デカルトは近代の合理主義の根源といわれるが、彼においても知性は一種の直観であったのであり、直観の知的性質を明かにしようとする現代の現象学はデカルトを祖としている。正しいものと間違ったもの、善いものと悪いものとを直観的に識別する良識 bon sens というものもデカルトの理性 raison といったものから出ていると見ることができる。知性と直観とを合理的なものと非合理的なものとして粗野に対立させることは啓蒙思想の偏見であり、この偏見を去って直観の知的性質を理解することが大切である。しかし今日特に重要な問題はデカルト的直観でなくむしろ行為的直観である。行為的直観の論理的性質が明かにされると共に人間というものの実在性が示されねばならぬ。近代のヒューマニズムは個人主義であることと関連して人間を単に主観的なものにしてしまった。新しいヒューマニズムは行為の立場に立ち、従って人間をその身体性から抽象することなく、そしてつねに環境においてあるものと見ることから出立して、人間の実在性を示すことができる。しかるに身体性の問題はパトスの問題である。パトスは普通いうように単に主観的なものでなく、それなしには人間の実在性も考えられないようなものである。

近代の自由主義は批評的な知性を発達させた。自由主義も固より単に批評的であったのでなく、それ自身の創造的な時代をもった。けれどもそれが社会において指導的意義を失うに従って自由主義は次第に創造的でなくなり、知性は単に批評的なものになってしまった。それは批評のための批評、批評一般に堕して行った。この傾向は知性が直観から離れて抽象的になることによって甚だしくされたのである。新時代の知性は単に批評的でなく創造的でなければならない。創造的知性が今日の知性である。批評的な知性が分析的であるのに対して、創造的な知性は綜合的である。抽象的になった批評的な知性は、創造的になるためにパトスと結合しなければならない。知性は民族のパトス、伝統のパトスの中に沈まなければならないといわれている。固より知性がパトスに溺れてしまっては創造はないであろう。創造が行われるためには自然の中からイデーが生れてくること、パトスがロゴスになることが要求される。創造は知性のことでなくて感情のことであるといわれている。その通りであるとしても、創造にはロゴスがパトスになることが必要であるように、パトスがロゴスになることが必要である。

しかし如何にしてパトスはロゴスになり、ロゴスはパトスになることができるであろうか。パトスとロゴスの統一は如何にして可能であるか。ロゴスに対してパトスの意味を明かにすることに努めてきた私は、この問題について絶えず考えなければならなかった。そして私は遂に構想力というものにつきあたったのである（拙著『構想力の論理』参照）。カントは感性と悟性の綜合の問題に面して構想力を持ち出した。構想力は、感性と悟性が抽象的に区別されたものとして先ずあって、これらを後から統一するのではない。構想力はそのような仕方で感性と悟性を媒介するのではない。媒介するものは媒介されるものよりも本原的である。構想力のこの本原性に基いて創造は可能である。

科学が出てくるためには生素な経験主義からの飛躍がなければならないが、かような飛躍は構想力によって可能である。また科学が行為の中へ入るためには知識がパトス的直観と結び附かねばならないが、かような結合は構想力の飛躍によって可能である。知性が自然から独立するためにも、また知性が自然に還るためにも、構想力の媒介が必要である。知性の根柢に考えられねばならぬ直観は構想力でなければならない。構想力は直観的であるといっても単に非合理的なものでなく、それ自身知的なものである。知性の特徴とされる経験の予料、仮説的思考という如きものも、構想力なしには考えられないであろう。創造的知性は単に推理する知性でなく、構想力と一つのものでなければならぬ。

現代の知性人とは如何なるものであるかという問に対して、「思索人の如く行動し、行動人の如く思索する」というベルグソンの言葉をもって答えることができる（第九回国際哲学会議におけるデカルト記念の会議に寄せた書簡）。ところで思索人の如く行動し、行動人の如く思索するということは構想力の媒介によって可能である。我々の眼前に展開されている世界の現実は種々の形における実験である。相反し相矛盾するように見えるそれらの実験が一つの大きな経験に合流する時がやがて来るであろう。「そこへ哲学が突然やって来て、万人に彼等の運動の全意識を与え、また分析を容易ならしめる綜合を暗示するとき、新しい時代が人類の歴史に新たに開かれ得るであろう。」知性人は眼前の現実に追随することなく、あらゆる個人と民族の経験を人類的な経験に綜合しつつしかも経験的現実を超えて新しい哲学を作り出さねばならぬ。この仕事の成就されるためには偉大な構想力が要求されている。すでに個人から民族へ移るにも、民族から人類へ移るにも、構想力の飛躍が必要であろう。今日の知性人は単に現実を解釈し批評するに止まることなく、行動人の如く思索する者として新しい世界を構想しなければならない。新時代の知性とは構想的な知性である。

伝統論

一

伝統という語は伝え、伝えられたものを意味している。伝え、伝えられたものとは何を意味するであろうか。ベルンハイムは遺物 Ueberreste と伝統 Tradition とを区別している。遺物とは出来事について直接に残存している一切のものをいい、伝統とは出来事について間接に人間の把握によって貫かれ再現されて伝えられているものをいう。この区別はドゥロイセンの「我々がその理解を求めるところのかの現在からなお直接に残っているもの」と「そのうち人間の表象のうちに入り、追憶のために伝えられているもの」との区別に当っている。かくてベルンハイムによると、遺骨とか言語とか制度とか技術、科学、芸術の如きものは遺物に属し、歴史画とか物語絵とか年代記、伝記等は伝統に属している。このように歴史家が史料の分類上設けた区別はもちろん直ちに我々の一般的な目的に適しないであろう。言語の如きものは、我々はこれを普通に伝統と考えている。しかしそれにも拘らず遺物と伝統との区別は重要である。言語などにしても、その痕跡が残っていても全く死んでしまったものは伝統とはいわれず、遺物といわねばならぬ。即ち伝統は、単なる遺物と区別されて、現在もなお生きているものを意味している。しかるに過去のものが現在もなお生きているというには、その間において絶えず「人間の把握によって貫かれ」、「人間の表象のうちに入る」ということがなければならぬ。その限りベルンハイムの規定は正しいのである。かように絶えず人間の表象のうちに入り、人間の把握によって貫かれるということが伝えられるという意味である。言い換えると、遺物が単に客観的なものであるのに反して、伝統はつねに主体的に把握されたものである。伝統は単に客観的なものでなく、主観的・客観的なものである。過去のものが伝えられるというには、主観的に把握されることによって現在化されるということがなければならぬ。伝えるということを除いて伝統はなく、伝えるということは過去のものを現在化することであり、この行為はつねに現在から起るのである。伝統は行為的に現在に活かされたものであるが、現在の行為はつねに未来への関係を含み、行為によって過去の伝統は現在と未来とに結び附けられている。

二

普通に伝統は過去から連続的に我々にまで流れてきたものの如く考えられる。伝統は連続的なものであって、我々はその流のうちにあると考えられている。しかしながらかような見方は少くとも一面的である。先ず伝統のうちには連続的でないものがある。或る時代には全く忘却されていたものが後の時代に至って伝統として復活するということは歴史においてしばしば見られるところである。それが復活するのはその時代の人々の行為にもとづいている。伝統をただ連続的なものと考えることは、それをかように行為的なものと考えないで、何か自然的なもののように考えることである。その場合歴史は単に自然生長的なものとなってしまう。歴史を自然生長的なもののように見るかかる連続観は、保守主義的な伝統主義のうちにも、進歩主義的な進化主義 Evolutionism のうちにも、存している。しかるにかくの如き連続観によっては、歴史における伝統の意味も、また発展の意味も、真に理解され得ない。歴史は自然生長的なものでなくて行為的なものであり、行為によって作られるもの、そして行為によって伝えられるものである。伝統は過去から連続的に我々のうちに流れ込んでおり、我々はこの流のうちにあると考えるとき、我々と伝統との関係は単に内在的なものとなる。しかるに行為は、物が我々に対して超越的であり、我々が物から超越的であることによって可能であるのである。伝統を単に連続的なものと考える伝統主義は、如何にして行為が、従ってまた創造が可能であるかを説明することができぬ。そして行為のないところでは伝統は真に伝統として生きることもできぬ。それのみでなく、そのような伝統主義は自己が欲する如く伝統の権威を基礎附けることもできないであろう。伝統が権威を有することは、それが超越的なものであり、我々から全く独立なものであることによって可能である。伝統が単に連続的な内在的なものであるならば、それは我々にとって権威を有することができず、我々はそれに対して責任あるものとされることができないのである。

かくて伝統主義の本質は、伝統の超越性を強調し、これに対する我々の行為的態度を力説するところになければならぬ。カール・シュミットは次の如く述べている。革命時代の能動的精神に対して、復古時代は伝統や習慣の概念、徐々の歴史的生長の認識をもって戦った。かような思想は自然的理性の完全な否定、およそ行為的になることを悪と見る絶対的な道徳的受動性を結果した。かような伝統主義は遂にあらゆる知的な自覚的な決断の非合理主義的な拒否となるのである。しかるに伝統主義の首唱者ボナルは、永久な、おのずから自分で発展する生成の思想から遠く離れている。彼にはシェリングの自然哲学、アダム・ミューレルの諸対立の混和、或いはヘーゲルの歴史信仰の如き伝統に対する信仰は存しない。彼にとって、個人の悟性は自分で真理を認識するには余りに弱く惨めなものであるので、伝統は人間の形而上学的信仰が受け容れ得る内容を獲得する唯一の可能性を意味している。伝統に対して我々は何等の綜合、何等の「より高い第三のもの」を知らぬ「此れか彼れか」の前に立っているのであり、ただ「決断」のみが問題である。シュミットはかかる決断の概念から彼の独裁の概念を導き出しているのであるが、ここで我々の注意すべきことは、伝統主義がシェリング、ミューレル、ヘーゲルなどの「ドイツ的センチメンタリズム」即ち浪漫主義、或いは連続的生成を考える有機体説、つまり内在論によってはその真の意味を明かにし得ないということである。伝統の概念は内在的発展の概念によっては基礎附けられることができぬ。

しかしながらまた伝統を右のような仕方で絶対化することは却って伝統と行為との真の関係を否定することになるであろう。伝統の前には決断するのほかないとしても、もし我々の悟性が自分で真理を認識する能力のないものであるとすれば、我々のかかる決断に真の価値があるであろうか。またもしその際我々はただ社会の伝統に従うに過ぎないとすれば、かかる行為を真に決断と称し得るであろうか。伝統を絶対的な真理として立てることとそのこと自身、それをかかるものとして立てる我々の行為の結果である。伝統は我々の行為によって伝統となるのであり、従って伝統も我々の作るものであるということができる。創造なしには伝統なく、伝統そのものが一つの創造に属している。伝統となるものも過去において創造されたものであるのみでなく、現在における創造を通じて伝統として生きたものになるのである。その意味において伝統は単に客観的なものではない。単に客観的なものは伝統でなくて遺物に過ぎぬ。伝統と単なる遺物とを区別することが大切である。過去の遺物は現在における創造を通じてのみ伝統として生き得るのである。歴史の世界においても真に客観的なものというのは単に客観的なものでなく、却って主観的・客観的なものである。いわゆる伝統主義者は伝統が現在の立場から行為的に作られるものであることを忘れ、かくて遺物を伝統の如く或いは伝統を遺物の如く考えるという誤謬に屢々陥っている。もとより伝統なしには歴史はない。そうであるとすれば、歴史は二重の創造であるということができる。初め創造されたものが再び創造されることによって伝統の生ずるところに歴史はある。この二重の創造は一つのものにおける創造である。そこに歴史が単に個人の立場からは理解され得ない理由がある。

三

およそ伝統と創造との関係は如何なるものであろうか。すべて歴史的に作られたものは形を有している。歴史は形成作用である。形は元来主観的なものと客観的なものとの統一であって、歴史的なものが主観的・客観的であるというのは、それがかかる形として形成されたものであることを意味している。形として歴史的に作られたものは超越的である。形において生命的なものは自己を犠牲にすることによって一つの他の生命の形式を発見するのである。それが創造の意味である。「詩とは感情の解放でなくて感情からの脱出である、それは人格の表現でなくて人格からの脱出である」、とティ・エス・エリオットはいっている。作られたものは形として作るものから独立になり、かくて歴史に伝わるのである。伝統とは形であるということができる。伝統が我々を束縛するというのも形として束縛するのであり、我々が伝統につながるというのも伝えられた形を媒質として創造するということである。何等の媒質もないところでは、我々の感情も思想も結晶することができぬ。「感情の『偉大さ』、強度が、素成分が問題であるのでなく、芸術的過程の強度が、いわばその下で鎔和が行われる圧力が問題である」、とエリオットはいっている。伝統はかかる圧力として創造の媒質である。それが圧力を意味するのはそれが形であるためである。創造には伝統が必要である。形が形を喚び起すのであり、そこに伝統があるのである。

伝統的なものは遺物とは異っている。遺物は歴史的世界において独立の生存権を有するものではない。しかるに伝統もまた創造されるものであった。伝統が創造されるというのは、それが形を変化する transform ということである。かくてあるかなきかの形は次第にさだかな形となり、弱い線、細い線は消し去られて太い線は愈々鮮かになってくるという風に、種々の形式における形の変化・形成が行われる。恰も人間が青年から壮年、壮年から老年へと形の変化を行う如く、歴史的なものはそれぞれ固有な形の変化を行うのであって、かような形の変化を行う限りそれは生命的なものと考えられるのである。作品は自己自身の運命を有するといわれるのもその意味である。制作者の手を離れた制作物は独立のものとなり、歴史において自己自身の形の変化を遂げる。もとよりそれは単なる外形の変化を意味するのではない。或るものはその外形までも変化することが可能であろうが、他のものにおいては、例えば芸術作品の如く、外形を変化することは不可能であろう。しかし形とは元来単に外的形式をいうのでなく、主観的なものと客観的なものとの統一を意味している。かかるものである故に、一度作られたものも再び主観的に把握されることによって新しい意味を賦与され、内面的に形の変化を遂げるのである。形の変化は、形が主観的なものと客観的なものとの、特殊的なものと一般的なものとの、パトス的なものとロゴス的なものとの統一であるところから考えられる。もちろん伝統は破壊され没落する。伝統も創造によって伝統として生きるのであるとすれば、伝統を作り得るものはまた伝統を毀し得るものでなければならぬ。伝統を毀し得るものであって伝統を有し得る、なぜなら伝統もまた作られるものであるから。伝統は既に形を有するものである故に、如何に変化するにしても限界がある。その変化の果てにおいて元の形は毀れて新しい形が出来てくる。かくの如く形が変化するというのも、形はもと主観的・客観的なもの、或いは特殊的・一般的なもの、或いはパトス的・ロゴス的なものとして、矛盾の統一であるからである。この統一が根本的に毀れるとき形の内面的変化は限界に達し、旧い伝統は没落して新しい形が創造されてくるのである。尤もこの創造それ自身何等かの伝統を媒質とすることなしには不可能である。一つの伝統を排斥する者は他の伝統によって排斥しているのである。

四

歴史は二重の創造であるということ、初め作られたものが更に作られるところに歴史があるということは、歴史の本来の主体が個人でなくて社会であるということを意味している。個人もまた社会から歴史的に作られたものである。歴史は社会が自己形成的に形を変化してゆく過程である。人間は社会から作られたものであって、しかも独立なものとして作られ、かくてみずから作ってゆくのであるが、人間のこの作用は社会の自己形成的創造の一分子として創造することにほかならぬ。従って人間においては自己の作るものが同時に自己にとって作られるものの意味を有している。制作が同時に出来事の意味を有している。そこに歴史というものがある。自己の作るものが自己にとって作られるものであることは特に伝統というものにおいて明瞭である。それだから伝統を我々にとってただ単に与えられたもののように考えるという誤解も起り得る。伝統は我々の作るものであり、それが同時に我々にとって作られるものの意味を有しているのである。いわゆる伝統主義者は人間の独立的活動を否定することによって伝統と単なる遺物とを区別することさえ忘れている。人間の独立性を否定することは社会の創造性を否定することである。社会の創造性は社会から作られる人間が独立なものとしてみずから作るところに認められねばならぬ。

独立な人間と人間とは物を作ることにおいて結び附く。我の作ったものは我から独立になり、我を超えたものとして我と汝とを結び附ける。我々の作るものが超越的な意味を有するところに人間の創造性が認められる。かようにして作られたものは元来社会的なものである。我が作ることは社会が作ることに我が参加しているにほかならないのであるから。人間と人間とは作られたものにおいて結び附くのみでなく、むしろ根本的には作ることにおいて結び附くのである。我が作ることは実は社会の自己形成の一分子としての作用にほかならないのであるから。

伝統は社会における人間の行為が習慣的になることによって作られる。行為が習慣的になることがなければ伝統は作られないであろう。しかるに習慣的になるということは自然的になるということであり、習慣的になることによってイデー的なものは自然の中に沈むのである。かくして伝統は次第に身体の中に沈んでゆき、外に伝統を認めない場合においても我々は既に伝統的である。伝統は伝統的になることによって愈々深く社会的身体の中に沈んでゆく。我々の身体はその中に伝統が沈んでいるところの歴史的社会的身体の一分身である。伝統は客観的に形として存在すると共に主体的に社会的身体として存在する。伝統は元来超越的であると同時に内在的であるのである。身体のうちに沈んだ伝統はただ我々の創造を通じてのみ、新しい形の形成においてのみ、復活することができる。創造が伝統を生かし得る唯一の道である。

天才論

天才というものも一つの歴史的社会的現象と考えられるであろう。それは天才運動とか天才時代とかいう言葉で現わされ、人間社会の一定の状態と結び附いている。かくて例えばチルゼルはイタリアのルネサンスと天才運動との連関を明かにしようとした。またハインリヒ・フォン・シュタインはイギリス革命と天才運動との繋がりについて語っている。そしてゲルヴィヌスは天才時代をフランス革命の先駆と称した。これら二つの政治現象のいわば中項として、それら政治史上の出来事を内的に制約している精神的状況の一つの徴候として、あの天才時代が存在した。ドイツではゲーテにおいて近代の天才的人間の典型が見られたのみでなく、カントによってこの天才性の概念の哲学的基礎附けと評価が行われた。シルレルの美的教育に関する第二書簡における、「時代の政治的問題を美学によって解決する」という言葉は、この時代の精神的傾向を特徴的に言い表わしているであろう。

今日の社会的政治的現象における合言葉は「天才」ではなくてむしろ「指導者」である。

この二つの概念が歴史的に含蓄する意味を明瞭にすることは、今日の歴史的現実を把握するために重要であろう。天才の先駆者は「英雄」であった。原始的な英雄崇拝の段階においては人的要素と物的要素とがなお分離していなかった。というのは、崇拝者は彼の英雄と物的目的を共通にしたのである。かくて将軍はその士卒から、予言者はその信者から、学派の頭目はその弟子から驚歎され崇拝されたが、反対の党派の統領はただ憎悪を喚び起すのみであるというのがつねであった。この党派的な英雄崇拝から段階的に絶えず一層形式的な評価が現われてきた。今や勇敢な敵はもはや憎悪をもって見られることなく、むしろ既に或る尊敬をもって見られるようになった。平和な心の殉教者は献身的な闘士と同時に且つ同様に称讃されるようになった。即ちチルゼルの言葉によると、党派的な人物評価は形式的無党派的な人物評価へ推移したのである。実際、我々の時代においては全く違った領域における偉人、全く反対のことがらに奉仕する者が同じように天才と呼ばれている。かような形式化は人々の関心が物よりも人間に、客観的なものよりも主観的なものに向うようになったことと結び附いている。天才の概念の成立は近代の主観主義的傾向と密接な関係をもっている。それは心理的には内的生活に対する反省を前提している。その場合物的な仕事よりも人間的な仕事の能力に、外部からの影響よりも内部の、生得の素質に、また内的生活の種々の面のなかでも最も主観的な、物的に確定するに最も困難なものに注目され、かくて感激や霊感、すべて非合理的なもの、合理的に習得されないものが天才の特徴と看做される。浪漫的心情が天才主義の出現の地盤であった。人間は個性的なもの、特異なもの、他と共通ならぬものに従って評価され、かくて大衆との関係から切り離されて、孤独であること、理解されないということが天才の特徴であるかのようにさえ思われた。今日の指導者の概念は天才の概念における右の如き形式化と主観主義とを克服するものでなければならぬと考えられるであろう。しかしながら天才の概念がもはや無駄になったのではない。指導者そのものが今日においては天才であるといわれるであろう。天才とは何かという問題は、指導者の問題にとっても決して無関係ではない。指導者が旧い英雄に堕することのないためには、天才の概念を媒介にして指導者の概念が確立されねばならないであろう。かくて「時代の政治的問題を美学によって解決する」ということは、今日或る意味において再び必要になっているのである。

この場合私はカントの天才論を顧みようと思う。カントの天才論が興味があるのは、先ずそれがいわゆる天才時代の哲学的反省の産物であるためである。この時代のドイツの天才論はフランス、殊にイギリスの文学や思想から大きな影響を受けているが、カントの天才論も同様であって、とりわけジェラードの『天才論』の影響が認められる。しかしまたカントの天才論において興味があるのは、彼があのシュトゥルム・ウント・ドゥラングの天才運動に対して他方、例の如く冷静な、批評的な、懐疑的な態度をとっているということである。それは天才主義的ならぬ天才論として興味が深い。もちろんカントの天才論が重要であるのはその哲学的内容のためである。一般的にいうと、カントによって確立された主観主義の哲学はドイツにおける天才運動の地盤を準備したと見られ得るのであって、カント哲学から出立したドイツ浪漫主義の哲学、フィヒテの自我哲学、シェリングの芸術哲学等が天才時代の思想的背景となった。カントの天才論は『判断力批判』の中で最もまとまって取扱われている。しかしシュラップの研究が明かにしているように彼はたびたびの人間学講義の中で既に天才について論じている。天才の問題は彼にとって元来人間学の問題であった。他方彼の論理学講義が示すところによると、美的完全性或いは後にいう美的判断に関するカントの説は、論理学と感覚論との対比から出てきている。かようにしてカントは『判断力批判』において人間学と論理学とに分れて存在する材料を内面的な統一にもたらすという興味ある試みをなしたと見られ得るのであって、これによって天才論と美的判断の批判とは相互に豊富にされることになった。即ちカントの天才論は心理学と論理学とを統一するものとして重要な示唆を含んでいるであろう。しかるに翻って考えると、カントが彼の先験的批判主義の立場から感覚論と論理学との関係を最も根本的に論じたのは『純粋理性批判』においてであり、そしてその中で彼は感性と悟性とを根源的に媒介するものとして構想力を考えたのである。ちょうどそのことに相応して、カントにとって天才の問題は構想力の問題であった。天才の論理は構想力の論理でなければならぬであろう。これがまた私には重要と思われる点である。

さてカントは、ニコライによって伝えられる人間学講義の中で、人間の心を資質、才能及び天才に区別した。資質は教育されることの容易さであり、才能は物を把捉する力をいい、才能はしかし物を生産する力をいう。即ちカントはすでに才能（タレント）について、物を作る力に関してのみこれを認め、単に物を容易に理解する力は才能とは別の資質（ナトゥレル）のことであると考えた。生徒に必要なのは資質であるが、教師にはしかし才能が必要であるとも彼はいっている。教師は自分で形態と作品を産出し得る者でなければならぬ。才能にしてすでにそうであるとすれば、天才はもちろん物を作るという見地から見らるべきものである。天才は創造的才能である。才能は教育を必要とするが、天才はその必要がなく、むしろあらゆる技巧（クンスト）を代位する、それに属するものはすべて生得のものであり、従って技巧とは反対のもの、自然のものである。自然は物を理解しないであろう、物を理解するということは人間の資質である、しかし自然は絶えず物を作る、天才はかかる自然の如きものであると考えられる。天才が創造的才能であるというのは、カントによると、あらゆる規則なしに物を作るということである。それだから天才でないのに天才と思われようと欲する者は、規則を捨て、これによって天才の外観を与えようとする。しかし規則はその価値を保有している。天才でない者は僭越にも規則を捨てようとしてはならぬ。天才は教育によって作られない、ひとは天才を喚び起すことはできるが、才能を天才にすることはできない。「かようにしてひとは何人にも哲学を教えることができぬ、けれども哲学に対する彼の天才を喚び起すことはできるのであって、その場合彼が天才をもっているかどうかが明かになる。哲学は天才の学である。」天才は創造的才能と呼ばれ、また発明の概念と結び附けられた。「学問の発明には天才が、その修得には資質が、それを他に教えるには才能が必要である。」あらゆる芸術は言うまでもなく天才のものである。中位の天才というのは矛盾である。かような者は能才に過ぎず、天才は或る異常なものである。天才は稀である、言い換えると、毎日何物かが発明されているわけではない。尤も発明というものにも、才能を教育によって完成させ、かようにして規則の導きに従って発明するという場合があるであろう。しかしながら新しい方法を発明するということは教育によって学ぶことができぬ、とカントはいっている。天才は規則に束縛されるのでなく、彼が規則の模範である。天才が規則なしに物を作るということは、彼の作ったものが規則に合っていないということではなく、むしろ反対である。「作られるあらゆるものは規則に合うものでなければならないから、天才は規則に合っていなければならない。」それだからひとは彼の作品から規則を作り得るのであり、かくして天才は模範となるのである。天才は規則の意識なしにしかも規則に合うものを作り出すのである。

ところで天才は人間の特に如何なる能力に関係するであろうか。人間学についてのカントの講義は一致してこれを構想力に帰している。天才には独創的な構想力が属する。構想力のみが創造的である。あらゆる天才は主として構想力の強さとその創造性に基いている。かようにして『実際的見地における人間学』の中では、「構想力の独創性は、概念に一致する場合、天才と呼ばれる」、と定義的に記されている。概念に一致しない場合、それは単なる空想もしくは妄想に過ぎぬ。概念に一致するというのは規則に合っていることであり、また悟性に適っていることである。悟性は規則の能力にほかならない。「天才にとっての本来の領域は構想力のそれである。なぜならこのものは創造的であって他の能力よりもより少く規則の束縛のもとに立ち、そのためにそれだけ独創的であり得る。」しかし構想力の自由な戯れは悟性から導来されたのではないとはいえ悟性に適ったものでなければならず、そうでないとそれは妄想に過ぎないことになる。同じ箇所においてカントは「発明」と「発見」とを区別している。発見というのは、以前から既に存在していて単にまだ知られていなかったものを見出すことであって、コロンブスによるアメリカの発見はその例である。しかるに発明というのは、例えば火薬の発明の如く、それを作った技術家によって初めて存在するようになったのであって、それ以前には全く知られていなかったものを見出すことである。そしてカントは「発明の才能」が天才であるといっている。

さて美と芸術の問題を主題とした『判断力批判』においてカントの天才論はだいたい次のような形をとっている。芸術は規則を必要とする、規則なしにはおよそ芸術は考えられない。けれども芸術の本質はこの規則が概念から導来されるのでないということを要求している。なぜなら美についての判断は美的（感覚的）であって、その規定根拠は主観的な感覚、感情であり、概念ではないから。ところで芸術はその規則を対象から概念的に導来することができないとすれば、そのものは必然的に主観のうちに、言い換えると、創造する天才の自然のうちに与えられていなければならない。「天才は生得の心の素質であって、これによって自然は芸術に規則を与える。」これがカントの有名な天才の定義である。この言葉のうちには全く深い形而上学的問題が含まれている。そこに言い表わされているのは自然と自由との綜合であり、そしてまさにその点に判断力批判がカントの哲学において占める決定的に重要な体系的地位が存している。芸術は天才の芸術としてのみ考えられ得る。天才の第一の性質は言うまでもなく独創性である。彼は模倣によって作るのではなく、模範なしに作るのである。しかも第二に、天才のこの独創性はそれ自身模範的であり、他に対して規範或いは典型として役立つのでなければならぬ。第三に、創造的天才は自己自身にとっても秘密である。彼は学問的に彼の方法を示し、これによって直接の模倣を可能にすることができぬ。彼は無意識に、彼の自然の、生得の素質に従って、いわば彼を導く保護神（ゲニウス）の天来の影響のもとに創造するのである。天才は自然として芸術に規則を与える。第四に、天才は学問の領域即ち概念の領域には存在せず、ただ芸術にのみ属している。天才が自然として芸術に与える規則は概念的に導来され定式化され得る法則ではない。それは既に出来上った芸術作品から、批評と趣味に対する規矩として役立ち得るために、読み取られねばならぬ。天才の作品はその場合にも精密な、小心翼々の「模作」にとっての手本であるよりも、「模倣」即ち競争的な継承にとっての例である。言い換えると、それは継承者の同じ性質の精神の生産性を刺戟し、これによって「原理を自己自身のうちに求め、かくして自己自身の、屢々より善い道を取る」ように導くのである。ただ天才の作品においてのみ芸術は一つの世代から他の世代へ伝えられる。天才の作品は芸術的理念にとって唯一の伝達手段である。

いまカントが判断力批判において芸術にのみ天才を認めて、他の領域には天才は存在しないと考えたことは、我々の一般の考え方に一致しないであろう。カント自身、人間学の中では、既に記したように、例えば哲学を天才の学と称している。また彼は天才を発明の才能とも規定したのである。実際我々はあらゆる領域において、発明と独創の存在する場合、そこに天才を考えることができるであろう。カントは天才の芸術のみが芸術であると考え、このように天才というものを重く見たのであるが、同時に彼は天才でなくて天才を気取る者、いわゆる天才的人間、「見たところ今を盛りの天才」を「天才猿ども」といって軽蔑し、非難し、警告した。彼等は訓練馬に乗ってよりも狂い馬に乗ってより善く行進し得ると思っている浅薄な頭脳であり、あらゆる規則を抛擲しさえすればそれで既に天才であると信じているのである。「極めて細心な理性の研究に関することがらにおいて誰かが天才の如く語り、決定するならば、それは全く笑うべきことである。」カントが芸術以外の領域においては天才というものを認めず、芸術においても或る箇所では天才はただ豊富な素材を供し得るのみで、その加工即ち形式は学校風の才能を必要とするという意見を漏している如きことは、彼の天才論がその時代のいわゆる天才運動に対する彼の抗議的な態度に影響されていることを示すものと解し得るであろう。

天才はカントによると美なるものを作り出す生産的才能である。これに対して趣味は美なるものを判断する能力である。美的判断は趣味判断にほかならない。カントの判断力批判の主題は美的判断であった。それでは天才と趣味とは如何に関係するであろうか。趣味は単に美なるものを判断する能力であるとすれば、芸術作品の生産にとっては趣味のみでは足りないといわねばならぬ。ところがカントは他の場合には芸術作品を趣味の生産物といっている。これは矛盾であるように見える。しかしこの矛盾は外見上のものである。天才は自然として芸術に規則を与えるというカント自身の定義に従うと、趣味との一致は天才から離すことができず、むしろ本質的なものとして天才に属しなければならぬ。天才の作品は趣味に反するとは考えられ得ない。趣味のない天才は模範的でも典型的でもなく、規則を与えるものでなく、判断の規矩となるものでなく、従っておよそ天才ではないであろう。趣味判断の規定根拠はカントによると美的合目的性である。即ち経験的直観において与えられた対象の形式が、構想力における対象の多様の把捉と悟性の概念の表出との一致するような性質のものである場合、悟性と構想力とは単なる反省において相互にその仕事の促進のために調和し、そして対象は単に判断力にとって合目的的なものとして知覚されるのである。ところで「その結合（一定の関係における）が天才を構成する心の力は構想力と悟性である。」天才は構想力と悟性という「彼の認識能力の自由な使用における主観の天賦の模範的な独創性」である。そして「構想力がその自由において悟性を喚び起し、また悟性が構想力を概念なしに規則に合った戯れにおく場合、表象は思想として伝えられないで、合目的的な状態の内的感情として伝えられるのである。」天才はただ気儘な構想力であるのではなく、そのいわば相関者として悟性が絶えず注意されている。美的理念は多くのことを考えさせるようにする構想力の生産的な、含蓄的な表象にほかならないのである。

私はここにこれ以上カントの天才論を追求することを要しないであろう。天才は自然として芸術に規則を与えるという定義、或いはまた芸術作品は自然の生産物として現われ、逆に自然もまた芸術として見られる場合にのみ美と呼ばれ得るという、あの「自然の技術」の思想とも関連すべき説などに含蓄されると思われる形而上学を展開することは他の機会に譲らねばならぬ。今日我々が指導者の問題を考えるに当ってカントの天才論から学ばねばならぬのは、およそ次の如きことであろう。もとよりすべての指導者が天才であるのではない。指導者は先ず何よりも能才でなければならぬ。人を教え得る能力は才能に属するとカントもいっている。能才ですらない者が天才を粧うが如きは甚だ笑うべきことである。

天才は――能才もすでに――物を作る能力においてのみ考えられる。それがどのようなものであろうと、単に芸術作品に限られることなく、社会の組織とか制度の如きものであるとしても、物を作るということにおいてのみ天才が考えられる。指導者も何等か天才的なものとして物を作り得る人間でなければならぬ。単なる口舌の徒は指導者の資格を有しないであろう。しかるに「作られるあらゆるものは規則に合うものでなければならないから、天才は規則に合っていなければならない。」もちろん天才は既に存在する規則に従って作るのではない、彼は創造的である。彼が創造するものはしかし規則を与えるもの、従って悟性に適ったものである。指導者にはかような合理性が要求されている。その行為に如何なる合理性も認めることができない者は指導者とは考えられない。尤も天才の作品は精密な、小心翼々の「模作」にとっての手本であるよりも、継承者の同じ性質の精神の生産性がそれによって刺戟され、それと競争するという意味における「模倣」にとっての例である。模倣はこの場合単なる模写ではない。継承者は先駆者の遣り方によって、「原理を自己自身のうちに求め、かくして自己自身の、屢々より善い道を取る」ように、「先駆者が汲んだのと同じ源泉から汲み、彼等からはただその際彼等が如何に振舞ったかの仕方を学び取る」ように、導かれるのである。「天才はただ天才によってのみ点火され得る」、とレッシングはいった。指導者においても同様であって、彼の天才が他の人々の精神の同じ性質の創造的才能を刺戟し、喚び起すという仕方で彼は模倣されるのでなければならぬ。芸術は模倣であるという場合、模倣はまさにかくの如き意味であるであろう。例えば美しい風景や人物は芸術家の創造的才能を刺戟し、喚び起し、生産的活動に駆り立てる。その際彼は単に自然を精密に、小心翼々と模写しようとするのではなく、却って自然と同じ源泉から汲み、且つ自然の如く創造しようとするのである。自然そのものが天才的であるといい得るであろう。カントのいう「自然の技術」は天才的なものでなければならぬ。構想力の独創性は自然の技術のうちに存在し、しかもそれは概念と一致している。構想力は世界形成的な原理である。天才が自然の如く働くように、自然は天才の如く働く。単にいわゆる天才のみが天才的であるのではない。あらゆる人間は何等かの程度、何等かの仕方で天才的であり、創造的であり得る。『純粋理性批判』において宇宙論的意味を与えられた構想力、そしてその実現と見られ得る『判断力批判』における自然の技術の思想は、カントの天才論の帰結をここまで持ってくることを可能にするであろう。そこでまた指導者は他の人々の創造的才能を抑圧するのでなく、彼等のうちに存在する天才に点火してこれを生産的にするものでなければならぬ。ソクラテスにおけるダイモニオンの思想は後の天才の概念の端初と見られるのであるが、そのソクラテスの天才はまさにかくの如きものであった。かくの如き意味において模倣され継承されるものが真の指導者である。指導者は規則であるよりも精神であるといわれるであろう。精神（ガイスト）とは何であるか、精神は「生命的にする原理」であるとカントはいっている。美的意味における精神は心における生命的にする原理であって、心の諸力を合目的的に活潑に活動させるものである。この生命的にする原理即ち精神は美的理念の表出の能力にほかならず、美的理念というのは多くのことを考えさせるようにする構想力の生産的な、含蓄的な表象である。ところで天才は天才を喚び起すという場合、各々の人間は一つの創造的世界のうちにある創造的要素と考えられねばならぬであろう。天才はこの創造的世界或いは歴史的自然の深みから汲んでくるのである。すべての人間はかかる世界から作られたものであるが、しかもすべての人間がそれぞれ独創的なものであるとすれば、天才が天才を喚び起すという場合、かかる世界の構造はライプニッツのモナドロジーの如きものと考えられねばならぬであろう。発明と模倣の法則によって社会現象を説明したタルドの社会学の根柢にかかるモナドロジーが存在するのは興味深いことである。またあのドイツにおける天才時代の天才論に哲学的根拠を与えたものがライプニッツのモナドロジーであったのも注目すべきことである。カントの天才論はライプニッツのモナドロジーによって発展させられねばならぬ。同時にそこに今日の指導者の概念の展開にとって一つの重要な契機が見出されるであろう。

指導者論

一

指導者という言葉は今日の合言葉である。政治、経済、文化のあらゆる方面に於て、指導者理念が掲げられ、指導的人物が求められている。これが現代の特徴である。もとより指導者というものはいつの時代、どこの社会にも存在する。それはすでに動物社会においても認められるのである。しかしながら、ちょうど天才というものはあらゆる時代に存在するにも拘らずただ一定の時代の一定の社会――例えば浪漫主義時代のドイツ――において天才理念が掲げられ、そこにいわゆる天才時代を出現したように、今日我々の時代は特に指導者時代と称し得るほど指導者の思想がこの時代を特徴附けているのである。

かように今日指導者というものが前面に現われるようになったのは、如何なる理由にもとづくであろうか。すべての時代、すべての社会に指導者は存在している。しかるに社会の有機的時期即ち均衡と調和の時期においては、その指導者は特に指導者として社会的に自覚されることがない。彼等はいわゆる「自然的指導者」に属するであろう。このものは今日いわれる自己意識的な指導者とは違った性質、違ったタイプのものである。その場合、指導者は殆どみずから指導者として意識することなく、彼等に従う者も全く自然的に従っているのである。或いはむしろ社会生活は特別の人間の指導に特に負うことなしに自然的な調和を示している。それは習慣乃至慣習によって秩序附けられている。習慣とか慣習とかは、「没人間的」なものである。そのような場合、例えば我々の倫理的生活は、嘗て論じた如く、没人間的な格率において定式化された常識的倫理に従って規律されている。かくの如き時代においては指導者という特定の「人間」の重要性が社会的に自覚されるということはないであろう。指導者の観念が特別の含蓄をもって現われてくるのは何よりも社会の危機的時期においてである。明瞭なリーダーシップは最もしばしば危機から生ずると社会学者もいっている（ヤング「社会心理学」）。危機的時期においては従来通用していた常識ではもはや処理することのできないような新しい問題が現われてくる。新しい環境に適応する新しい方法を見出すために、人々は指導者を求め、またその指導者というものが現われてくる。このような場合倫理においても没人間的な格率的倫理に代って、模範と考えられるような「人間」に従ってゆくという人間的倫理とも称すべきものが生じてくるのである。この人間が倫理上における指導者なのである。政治、経済、文化のあらゆる方面において同様の事態が認められるであろう。今日指導者の観念が前面に出てきたということはまさに現代が社会の転換期といわれるような危機的時期であるということに相応している。

かくて指導者というものは社会的状況との関係なしには理解することができない。リーダーシップは一定の状況の函数であると考えることができるであろう。もとより指導者となる者はその個人において一定の特質を具えているのでなければならない。指導者には指導者として必要な天分とか素質とかがある。しかしそれだけが指導者を作るのではない。他面指導者は一定の歴史的社会的状況に制約されて現われてくるものであり、その産物であると見ることができるであろう。ところであの天才時代においてはすべての人間が天才に憧れ、また天才を気取るということがあった。それは単に多数の天才が輩出した故に天才時代と呼ばれるのでなく、むしろ一般の人間が天才を憧憬し天才を気取る傾向が普遍的に存在した故にそのように呼ばれるのである。同じように、今我々の時代が指導者時代と称せられるのは単に多数の指導者が出現しているという理由に依るのではない。この時代においてはすべての人間が、従って何ら指導者としての資格を有することなく、また真の指導者の如何なるものであるかを理解しない人間までもが指導者顔をし、指導者を気取るという一般的傾向が認められる。そして天才時代における弊害が真の天才でない者の天才を気取るところに生じたように、今日の弊害も真の指導者でない者が指導者を気取るところに生じている。それ故に真の指導者が如何なるものであるかを明かにするということは、現代の特徴を把握するためにも、その弊害を匡救するためにも、必要なことでなければならぬ。

二

すべて転換期には人間の新しいタイプが現われてくる。指導者というのもかくの如きものであろう。しかし何故に今の時代は、例えば天才の時代でなくて特に指導者の時代であるであろうか。天才崇拝のうちに現われたのは個人の自覚、その特殊性、独自性、根源性の自覚であった。それは封建的全体主義的秩序からの人間の解放を意味した。ルネサンスにおけるイタリアの天才時代がそうであったし、またあのドイツにおける浪漫主義の天才崇拝も近代市民的意識の覚醒と結び附いたものであった。社会史的に見ると、天才時代は近代の個人主義の先駆であったのである。しかるに今日はそのような個人主義的社会からの転換期なのである。この時代はもはや天才の時代ではなく、却って指導者の時代である。今日の指導者理念は個人主義的社会から新しい全体主義の社会への転換期にあたって生れたものである。従って指導者の観念そのものが個人主義的なものでなく、新しい全体主義の理念をそのうちに表現しているのでなければならぬ。個人的に、天才を気取ったり、自己の優越性を誇示したりする者は、真の指導者とはいい得ないのである。

もとより最高の指導者は天才でなければならないであろう。しかし天才という場合と指導者という場合とでは、評価の仕方に差異があることに注意しなければならぬ。最高の指導者は天才であると語られる場合すでにその差異が現われている。即ちそれはあらゆる種類の最高の指導者をいずれも同様に天才と認めるのであって、そこに天才の概念における評価の仕方の或る形式主義が見出されるであろう。歴史的社会的に見ると、「天才」に先行したものは「英雄」であった。しかるに原始的な英雄崇拝においては、崇拝者は彼の英雄と目的を共通にしたのである。客観的な目的の評価と主観的な能力の評価とが分離していなかった。将軍はその士卒から、予言者はその信者から、学派の頭目はその弟子から崇拝されたが、反対の党派の統領はただ憎悪をもって見られるのが通例であった。英雄崇拝はその根源において党派的であった。このような内容的で党派的な人物評価は歴史的において次第に形式的で無党派的な人物評価に推移していった。天才の概念はこのような形式主義を示している。かくして近代においては全く違った領域における偉人、全く反対のことがらに奉仕する者が同じように天才と呼ばれる。このような形式化は近代における主観主義的傾向と関連して生じたことである。それは人々の関心がものごとよりも人間に、客観的なものよりも主観的なものに、仕事そのものよりも仕事の能力に向けられるようになったことと関係しているのである。いま指導者の概念は天才の概念における右の如き形式主義と主観主義とを超えたものでなければならないであろう。指導者の概念は或る意味においては英雄の概念と同じである。即ちここに再び或る内容的な党派的な人間評価が現われる。一つの党派の指導者は他の党派に属する者にとっては何等指導者ではない。或ることがらにおける指導者はそれとは無関係なことがらについては何等指導者ではない。全く形式的に指導者というものを考えることはできない。そして天才が自己の主観的なものを発揮しようとする者であるとすれば、指導者は自己を超えた客観的なものに仕える者でなければならない。もとより今日の指導者は昔の英雄の如きものであることができないであろう。天才主義的な指導者が真の指導者でないように、英雄主義的な指導者も真の指導者ではないであろう。新しい指導者は天才の概念における主観主義や非合理主義の弊害を克服すると共に、天才の概念並びにそれを生んだ近代主義における積極的なもの、価値あるものを生かすものでなければならず、これによって古い英雄の概念とは区別されて真に新しいものであることができるのである。

かようにして指導者に先ず要求されるものは創意である。真の指導者は発明的でなければならぬ。しかるにこの創意とか発明とかいうものはまさに天才の概念を規定するものである。上にいった如く指導者が指導者として前面に現われるのは危機の時代である。それは従来通用してきた常識や理論ではもはや間に合わなくなった時代である。このような時期に要求されるものとして、指導者は創意的発明的でなければならない。何等の創意もなく、教えられたことをただ繰り返しているような人間は真の指導者であることができぬ。次に天才というのは、他の場合に述べた如く、本来物を作る能力についてのみ認められるところのものである。カントはすでに能才についてさえ、物を作る能力についてのみこれを認め、単に物を容易に理解する力は能才ですらないと考えた。天才はもちろん物を作るという見地から見るべきものである。物を作るということは単に知るということと同じではない。天才の概念がそうであるように、指導者もまた物を作り得る者でなければならない。そして実践というのは広い意味において物を作ることであるとすれば、指導者は本質的に実践的でなければならぬ。科学の如きにおいても、真の指導者は与えられた科学的知識をただ理解しているというに止まることなく、みずから科学的研究を実践する人、しかも創意的に、先駆者的に実践する人でなければならぬ。単なる口舌の雄は真の指導者ではない。指導者は高くとまっているのでなく、国民の中に降りて来て、共に実践する人でなければならないのである。ただ単に知っているだけでは指導者ではない。みずから実践する人、物を作る人、他と同じように働く人、いわゆる「パーソナル・リーダーシップ」をとる人であって真の指導者である。

しかしながら実践には知識が必要である。とりわけ今日の如き複雑な世界においては、知識なしには実践することができない。もちろん知るということは単に過去のことを知ることではない。却って知ることは予見することであるというのが、近代科学によって把握された知識の理念である。知ることが予見することであるということによって、知識は実践的意義を有し得るのである。政治は予見である、と誰かが言った。予見することができない者は真の指導者であることができない。例えば今日の国際情勢はたしかに複雑である。しかしそれをただ複雑であるとのみ言っているのでは、指導者の資格はないであろう。そこに何物かを予見し、我々の進むべき進路を示し得るものであって、真の指導者である。今日の指導者に向って求められるのは何よりもこの予見の能力である。その見通しが次から次へ絶えず間違っているようでは指導者の資格に欠けているものといわねばならない。なるほど今日の事態は正確に見通すことが困難である。そこには従来の常識で判断することのできないものがある。しかしそれだからこそ指導者が要求されるのであって、もしそうでないならば「指導者」というものが特に現われてくる理由もなかったであろう。ところで予見には知識が、科学が必要である。もとより既存の知識、既成の科学だけでは十分ではないのであって、そこに指導者の要求される危機というものの本質があるであろう。従って指導者の知識は発明的、創造的でなければならない。またその場合単に合理的に思惟するのみでは足りないであろう。指導者には直観が、天才的な直観が必要である。特に彼にとっては単に知ることでなく行為することが目的であるとすれば、行為はつねに具体的な、歴史的に特殊的な状況におけるものであるということから考えても、指導者にはすぐれた直観力がなければならないであろう。しかし真の直観は合理的思惟を尽した後に出てくるものである。最初から科学を軽蔑するというような態度からは真の直観は生じない。

カントの考えた如く、天才は無意識的に働く構想力の独創性であるが、それは悟性の概念や規則に適ったものでなければならない。そうでなければ天才ではなく、妄想に過ぎぬ。しかも、天才は無意識的に作るものであるにしても、指導者はつねに目的意識的でなければならないのである。自分自身何処へ行くのか分らないような者は他を指導することができぬ。もとより歴史における必然性は単なる必然性ではなく、必然性が同時に可能性の意味を有している。運命というものもかようなものである。従ってそれは我々にとって如何ともし難いものではなく、我々の意志と行為によって変じ得るものである。歴史は我々の作るものである。それだから指導者には決意と行動とが要求されている。決断力を欠ける者、非行動的な人間は指導者としての資格を有しないものといわねばならぬ。指導者は決断の人でなければならない。そこに危機といわれるものの本質がある。危機は連続に対して非連続、断絶を意味し、この非連続、断絶は、決意によってのみ越えることができる。しかるに指導者は唯一人行動する者でなく、他を動かして一緒に行動する者である。そこに唯一人で物を作る天才とは異る指導者の資格が必要であろう。天才は世の中から理解されないのがつねであるというように言われている。しかるに他から理解されないような指導者は何等指導者ではない。指導者であるということのうちには他から理解されるということが含まれている。そしてまた指導者は自己の行動を他に理解させ、これによって他の協力を得るようにしなければならぬ。そこに天才の概念とは異る指導者の概念における知的な、合理的な性格が現われるであろう。彼等の行動は天才的な直観にもとづくにしても、これを他の人々に理解させるために、できるだけ合理的に説明して教えることに努力しなければならないのである。指導者は独善家或いは独断家であることを許されない。協力者をもっているということが指導者の概念に欠くことのできぬ要素である。

三

指導というものは関係である。それは一方的なことでなく、そこにはつねに指導する者と指導される者とがなければならない。即ち指導者は応えられなければならない。応えられない者は天才であり得ても指導者ではないのである。

リーダーシップは関係として道徳的関係でなければならぬ。なぜなら指導者は単に知ることでなく行為することを目的とすべきものであり、リーダーシップは人と人との間の行為的関係として成立するものであるからである。指導する者と指導される者との間に道徳的関係の存在しないところにリーダーシップは存在しない。指導被指導の関係において何よりも必要なのは信頼と責任である。信頼と責任とはあらゆる道徳的関係の根本である。信頼され得るために指導者の具えなければならぬ道徳的資格には種々のものが数えられるであろう。利己的でなく全体のために計るものであって信頼されるのである。自己の金儲けや立身出世を考えることなく全体のために自己を犠牲にするものであって信頼されるのである。ただ世間の風潮に追随するのでなく自己の信念にもとづいて行動するものであって信頼されるのである。率先して実行するものであって信頼されるのである。謙譲の徳を有するものであって信頼されるのである。責任を重んじるものであって信頼されるのである。そして指導者はこの信頼に応える責任をもっている。強い責任感を有するということは指導者にとって大切なことである。他を信頼するものであって自分が信頼されるように、自分から責任を重んじることによって他に責任を重んじさせることができる。指導者は自己の行動に対していつでも責任をとる覚悟がなければならない。自己の行動に対して責任を負うということは、ただその動機さえ純粋であれば宜いというのでなく、またその結果に対して責任を負うということである。かようにして責任を重んじる者はその行動が結果において成功的であるように努力しなければならない。動機さえ純粋であれば宜いと考えることは、個人の良心を満足させるにしても、社会的に見ると無責任ということになる。そして指導者の行動はつねに本質的に社会的見地に立っているのである。社会的良心は自己の行為の結果に対して責任を負うことを要求する。ところで成功するためには知識が、予見が必要である。どれほど動機が純粋であっても——動機の純粋性はもちろんあらゆる場合に先ず要求されるものである——無知であったり予見力が全くなかったりしては不成功に終るのほかない。ここにおいて道徳は知識もしくは智能と結び附かねばならぬ。知識と道徳とは元来分離し得べきものではないのである。

リーダーシップは本質的にリレイションシップである以上、指導者はつねに指導される者の協力を必要としている筈である。従って如何なる独裁者も人心を把握することを心掛けざるを得ない。実際また今日の独裁者はそのことを特に重要視しているのである。その点において如何なる独裁者もデモクラティックでなければならないといい得るであろう。そしてそこにあの英雄とは異る指導者の近代性がある。いわゆる官僚的でなく、国民的でなければならぬ。尤も指導者が国民的基礎の上に立つということは必ずしもいわゆるデモクラティックな方法によるのではなかろう。人の心を捉え得るということは天分に属する問題でもある。指導者はそのオーソリティとプレスティッジとによって指導者となる。しかるにこれらのものはデモクラティックなものでなく、また単に知的な、合理的なものではない。しかし指導者とは単に命令するものではなく、むしろ自己に向って憧憬させるものである。権威も国民的基礎の上に立たないものは真の権威ではないであろう。指導者の権威は、彼がより高いものに仕えているというところから生じる。そして指導する者と指導される者との真の協力は、両者が共により高いものに仕えるところに真に成立し得るのである。そして協力においては、指導者の創意が重要であると同様に、指導される者の創意を重んじることが大切である。各人の有する天才を発見することは指導者の任務であろう。

国民を把握し得るために指導者は国民心理を把握しなければならぬ。彼はすぐれた心理学者として、国民の外形を観察するに止まることなく、その内部に入って理解しなければならない。指導する者と指導される者との関係が道徳的関係であることを考えると、これは甚だ重要である。ところで指導者が人心を摑むために用いる主要な手段は宣伝と教育である。宣伝は特に近代的な手段である。それは有効であるだけ危険も多いのである。宣伝は理智よりも感情に、各人の判断よりも群衆心理に、うったえるのがつねである。一層大切なのは教育である。宣伝そのものも教育的でなければならない。もとより感情の意義を認めないということはあらゆる場合において間違っている。行動には感情が必要である。大いなる行動は大いなる感情を要するであろう。しかし宣伝の効果がその場その場のものであるのに反して、教育の効果は持続的である。教育は指導する者と指導される者とが共通の理解をもって共通の目標に向って働くことを可能にする。この理解ある協力こそ最も大切である。宣伝はその場の効果をねらうものとして、ひとが現在もっている感情乃至知性にうったえる。宣伝はただ現在にあって、未来を知らない。これに反して教育は現在ある人間を作り変えることを目差している。教育は新しい人間の形成である。真の指導者は国民を新たに作り直すことによって目的を達しようとするのである。彼は政治は教育であるということを理解して実践するものである。

指導者の時代は危機或いは転換期として、リーダーシップは「人間」にあるのがつねである。しかし、人間は、指導する者も指導される者も共に組織されなければならない。指導者に必要なのはこの組織力である。ところで組織の発展につれてリーダーシップは次第に人間から制度の中へ入ってゆき、ここにいわば「制度化されたリーダーシップ」或いは「組織された権威」が生ずるに至るであろう。指導者はそのリーダーシップを安定させるためにもこのようにそれを制度化することを求める。それが制度化されると共に組織の自働性が生じ、かくして「指導者」というものは影を没するようになる。もとより指導者が一般になくなるのではない。既にいった如く、どのような社会にも指導者は存在している。しかしその場合、指導者は今日考えられるような意味においてはもはや表面に現われないようになる。かようにして指導者の重要な目標が組織を作ること、リーダーシップを制度化することにある限り、指導者の活動は自己否定にあるということができるであろう。指導者は自己否定的であることによってその目的を達し得るのである。彼等がいつまでも「指導者」であろうとする限り、彼等は組織の力を認めないことによって浮いたものになり、従ってまた真に指導力をもつことができない。もちろん、ここにいう組織とか制度とかは指導者の新しいイデーに従って新たに作られるものである。既成の制度の中にあってその制度の権威に依頼して指導者顔をするが如き者は論外である。

道徳の理念

一

マックス・ウェーベルは『職業としての政治』という講演の中で政治と倫理との関係を論じ、そのさい心情倫理 Gesinnungsethik と責任倫理 Verantwortungsethik とを区別している。心情倫理は行為における心情の純粋性を重んじ、行為の結果については問わない。しかるに責任倫理は行為の結果を問題にし、これに対して責任を負うべきものと考える。ウェーベルによると、すべての倫理的行為は二つの根本的に異る格率のもとに立つことが可能である、即ちひとは彼の行為において心情倫理的立場をとることもできるし、責任倫理的立場をとることもできる。心情倫理的な格率のもとに自己が正しいと信ずる行いをして結果は顧みないか、それとも責任倫理的な格率のもとに自己の行為の結果に対して責任を負うかということは、我々の道徳的態度において深い対立を形作っている。

ウェーベルの責任倫理の観念は重要な意味を有し得るものである。それは従来の倫理学において結果説といわれるものの新たな評価を可能にするであろう。即ちそこでは行為の結果は単なる功利主義の立場を離れて、責任という道徳の根本概念のもとに置かれる。そしてこれは自己の行為を社会的に理解することによって必然的となるのである。我々は社会的存在である故に我々の行為の結果に対して責任を負わねばならぬ。結果を慮るということは個人的立場において必要とされるのでなく、自己の行為の他の人々に及ぼす影響を考える社会的立場において要求されるのである。人間は社会的存在として社会に対して責任を負うている。しかるに行為の結果を問わない心情倫理は社会に対して無責任になり易い。自己の心情の純粋性を守ることのみが問題であるならば、為すよりもなさぬことの適当である場合が尠くないであろう。かくして心情倫理は歴史の重大な瞬間において自己に逃避し、何等の行動にも出ないということになる。行為の結果が全く問題でないならば、我々は何故に行為しなければならぬかの理由も理解し難いであろう。しかるに本質的に実践的な社会の立場から見ると、或る事を為さないのは結果において他の事を為したのに等しく、従ってひとはその為さないことに対して責任を有することになる。心情倫理が行為の結果を問わないのは、結果は種々の外的な事情に依存すると考えるためである。善い意志にも拘らず悪い結果の生ずることは我々のしばしば経験するところである。善いものから善いものが、悪いものから悪いものが結果するとは限らない。結果は我々の意志にとって外的なものに左右され、従って結果を考える行為は他律的にならざるを得ないといわれるのである。確かに結果は意志にとって外的なものに依存している。しかしこの外的なものがまた決して単に外的なものでないことに注意しなければならない。我々の行為の結果を左右すると考えられるのは一般に我々の環境であり、しかるに環境は生命を有するものの存在に欠くことのできぬものである。人間はつねに環境において生きている。環境は彼の歴史的存在にとっていわば構成的である。行為の結果をただ外的なものと考えることはこの根本的な事実を理解しないものといわねばならぬであろう。結果は意志の内容である。それ故に結果を問わない心情倫理はカントにおいての如く、――制限なしに善と考えられ得るものは善き意志のみである、とはカントの有名な命題である、――形式主義に陥らざるを得ないのみでなく、人間を具体的に環境における存在として把握していないという欠点をもっている。

しかしながら他方ウェーベルが心情倫理と責任の観念とを分離したことは事実に合致しないであろう。心情倫理も責任を重視することはカントの倫理学等において見られる通りである。ただこの場合、いわゆる責任倫理が他に対する、社会に対する責任を問題にするのに反して、心情倫理は自己に対する、自己の良心に対する責任を重んずるという差異があるのである。カントの道徳論のリゴリズムの示す如く、心情の純粋性を尊ぶというのはセンチメンタリズムではなく、自己の良心に忠実であることに基いている。しかるに結果を重視する責任倫理はこの点においては却って無責任になり易い。もし結果のみが問題であるならば、ひとは必ずしも良心的に行為することを要しないであろう。良心的であろうとするとむしろ悪い結果になることも少くないのである。結果は手段を神聖にするということが我々の道徳であるならば、所期の結果に達するためにはあらゆる非良心的な手段を用いて差支えないことになる。しかしそれは自己の人格を抛棄して自己を単なる物として取扱うことである。良心的であるということは自己の人格に対して責任を負うということを意味している。結果は未来に属する。しかるに人格は現在のものである。未来のために現在を問わないことは自己の人格を無視することになるであろう。人格は責任の主体であって、人格的な行為というのは自己に対して責任を負う行為である。心情倫理が行為の自律性を原理にするのも、自己に対する責任を重んずるためである。

責任は道徳の根本観念である。ウェーベルの責任倫理と心情倫理との区別は、一方が責任を問題にするのに反して他方はこれを問題にしないということにあるのでなく、前者が社会に対する責任を問題にするのに反して後者は自己の人格に対する責任を問題にするということにあると考えられねばならぬ。しかるにそのいずれも一面的、抽象的である。人間は自己に対して責任を有すると同時に社会に対して責任を有するのである。従来の人格主義の道徳が個人主義に陥ったとすれば、最近の全体主義の道徳は自己の人格に対する責任を軽視している。ところで人間は自己に対する責任を有すると同時に社会に対する責任を有するというのは如何なる意味であり、またそれは如何なる根拠によって然るのであろうか。

二

既にいった如く人間はつねに環境において在り、彼のあらゆる行為は環境に対する適応の意味をもっている。生活することは環境に適応してゆくことである。行為はすべて環境に対する適応の意味をもっているとすれば、行為にとって結果は決して無関係であることができぬ。適応するというのは一定の結果に達することである。この適応の仕方は人間の場合すぐれて技術的である。人間は技術的に環境を形成することによって環境に適応してゆく。環境に適応することは環境を形成してゆくことである。しかるに環境を形成してゆくことは同時に自己を形成してゆくことである。人間は働くことによって作られる。ところで環境の形成が同時に自己の形成であるというには、人間は環境に働き掛けることにおいて同時に環境から働き掛けられるという関係が存在するのみでなく、このように環境から働き掛けられながら同時に自己を失うことなくどこまでも独立な、自律的な、自己集中的なものであるという関係が存在しなければならぬ。言い換えると、人間の行為は一方環境に対する適応であると同時に他方自己自身に対する適応である。一方は自己と環境とが一つになることであるとすれば、他方は自己が自己と同一に留まることである。前の関係のみあって後の関係がないならば、我々は独立の個体であることができないであろう。これらの同一の関係は共に単に静的なものでなくて動的発展的なものである。環境に適応してゆくことが環境を形成してゆくことであるように、自己に適応してゆくことは自己を形成してゆくことである。人間の行為は環境形成的であると同時に自己形成的である。

いま行為はすべてかくの如き性質のものであるとすれば、ひとは古典哲学において徳 αρετη と仕事 εργον が結び附けて考えられたということに重要な意味を認め得るであろう。プラトンの『ポリテイア』の中でソクラテスは先ず眼の徳について語り、眼は自己に属する仕事を善く為す場合、即ちすぐれた視力を有する場合、徳を有するといわれる、と述べている。各々のものには固有の徳がある、なぜなら視ることは眼のみの為し得る仕事である如く、各々のものは自己のみが、或いは他よりも自己が最も善く為し得る仕事を有するからである。このように語るソクラテスによると、生命は霊魂の仕事である。自己に属する仕事を善く為す霊魂は善い霊魂であり、その固有の徳を欠く霊魂は悪い霊魂である。為さぬことは徳であり得ず、徳とは為すこと、善く為すことである。徳は活動と、活動は仕事、自己に固有の仕事と結び附いている。徳と活動或いは行為がこのように仕事と結び附けて考えられるところから、徳と技術とがまた結び附けて考えられた。『ゴルギアス』の中でソクラテスは、建築術、造船術、医術等に絶えず関係附けながら、善とは何であるかを解明している。例えば善い建築家即ち徳を有する建築家というのは、自己の形成するものに正しい形 εἶδος を与える者である。彼は役に立つ家を作ることができる。役に立つ家というのは秩序を有する家のことである。身体や霊魂についても同じように考えられる。身体のうちに秩序が具わることによって健康その他の身体の徳を作り出し得る者が善い医者である。霊魂の徳というのも霊魂のうちに作られる秩序にほかならぬ。ところでこのように行為もしくは実践と技術的領域における仕事とが同様の構造を有するとすれば、徳は知であるというソクラテス的命題の決して抽象的なものでないことが理解されるであろう。善い建築家はたまたま秩序を有する家を作るというのでなく、知識に基いてつねにこのような家を作り得るのであって、それが建築家の徳である。徳は仕事における有能性にほかならず、知識の有無は建築家の徳不徳にとって決定的である。プラトンに見られる右の如き考え方はアリストテレスによって一層発展させられた。アリストテレスにおいても徳は活動と、そして仕事と結び附けられ、更にそれは目的 τέλος の概念と結び附けて考えられた。目的というのは、例えば建築家が形成する煉瓦、木材のうちに実現してくる家の形であり、この目的に達するとき彼の制作的過程は終末に達する。過程の終末にあるものが目的である。その活動が終末に、従って結果に達することのない建築家は悪い建築家である。善い建築家、徳のある建築家というのは現実に家を作り上げて結果に達し得る者のことである。

ところであらゆる行為がすでに述べた如く形成的な意味を有するとすれば、かように行

為と制作 ποιησις とを関係附けて考えることは単なる比論以上の意味を有しなければならぬであろう。無内容な、それ故に仕事でないような行為はただ抽象的に考えられ得るのみである。仕事における有能性を離れて道徳を考えることは抽象的である。環境形成的にせよ、自己形成的にせよ、形成の意味を有しないような、従って制作の意味を有しないような行為があるであろうか。我々の現実の生活は環境形成的であり、自己形成的であり、これなしには生命は存続し得ない。環境の形成は同時に自己の形成であり、自己の形成は同時に環境の形成である。自己の仕事を善く為すことに努力するよりも自己の形成にとって大切なことはないであろう。人間と仕事を別のものと考えることは抽象的である。もとより我々の行為のすべてが家や寝床の如き物を作る行為であるというのではない。しかし物を作るとはいわれぬ行為も人間を作るといわれ得るであろう。それは我々自身の人間を作るのであり、また他の人々に働き掛けて彼等の人間を作るのであって、その意味において形成的と考えられる。その際他の人々は自己の環境と見ることができ、この環境に働き掛けることにおいて自己は逆にこの環境から働き掛けられ、環境の形成は同時に自己の形成となるであろう。

かように我々の行為をすべて制作的或いは形成的活動と考えることに困難を感ずる者もないではない。尤もその困難は右に述べた二つの点に注意することによって差当り除かれ得ることである。即ち先ず生命あるものはすべて環境に適応すると共に自己に適応することによって生活するということ、次に人間の形成も根本的な意味においてはひとつの制作であるということを考えなければならぬ。しかしそれにしても実践と制作とはなお区別を要するのではなかろうか。なるほどアリストテレスの如きも両者の差異について論じている。それらは先ず共に観想から区別される。アリストテレスによると、観想の対象が恒にあるもの、不変なものであるのに反して、制作と実践とは他のようにでもあり得るもの、変ずるものを対象とする点において同じである。後の二者の差異は、制作においては目的は活動そのものではなくて他のもの即ちそれによって作られる作品であるのに反して、実践においては活動そのものが目的であるというところにある。前の場合目的は活動の外にあるのに反して、後の場合それは活動の内にある。しかしながら実践と制作とはその対象の性質が同じである以上、如何にしてこのような差異が考えられ得るであろうか。『形而上学』第九巻第六章においてアリストテレスはキネシスとエネルゲイアとを区別している。キネシスは運動を意味するが、それはテロス（終末、目的）にない運動である。例えば、家を建てることはひとつの運動である。家を建てたときこの運動はテロスに達するのであるが、それと共にこの運動は終り、これが運動にある限りテロスにないのである。従って家を建てると同時に建てたということはできぬ。しかるにエネルゲイアと呼ばれるすぐれた意味の運動においては、例えば、視ると同時に視た、考えると同時に考えたということができる。この場合、視ることの目的は視ることのほかになく、考えることの目的は考えることのほかになく、即ち活動そのもののほかに活動の目的はないからである。これに反して家を建てる活動においてはこの活動そのものではなく建てた家が目的である。かようにしてアリストテレスが実践と制作とを区別して実践においては活動そのものが目的であるという場合、その実践は視るとか考えるとかいうこと、要するにテオリア（観想）を意味するであろう。まことにアリストテレスは、観想はひとつの実践であるのみでなく、最高の実践であると考えたのである。制作と実践とを区別しようとした彼は観想そのものを実践と見ることになったのである。その際行為と見られるものの対象は他のようにでもあり得るものではなく、不変なもの、永遠なものでなければならぬ。我々はむしろ観想をも制作的活動の一種と見ようと欲するものである。今そのことは別にして、少くとも実践の対象が制作の対象と同じく他のようにでもあり得るもの、変ずるものである限り、行為はすべて制作的行為であると考えて然るべきではなかろうか。実践は人間を対象とするといっても、人間もまた他のようにでもあり得るもの、変ずるもの、即ち可塑的なものである。

それにも拘らず、実践を制作と考えることにはなお困難が感じられるようである。そしてその困難の最も深い理由は、人間は主体であり、実践は本質的に主体的なものであるという点に横たわっている。ギリシヤ哲学は実体哲学であって、主体哲学ではなかった。技術と実践との区別に関してアリストテレスは、実践は「人間にとって善なるものと悪なるもの」の見地に立つと述べているが、このような善とか悪は人間と行為を主体的に捉えることによって考えられ得るものである。イデアの哲学は主観の哲学に代られなければならない。この点においてカントの倫理学は重要な意味をもっている。しかしながらカントの人格の概念はなお抽象的である。彼のいう主観と我々の意味する主体とは同じではない。主体は単なる主観をいうのではなく、むしろヘーゲルのいわゆる実体にして主観であるものが主体である。即ちいわば主観の概念と実体の概念との統一として主体の概念が考えられ、これによって行為と制作とを一つに考えることが可能になり、すべての行為は制作の意味を有するといい得るのである。人間が単に主観的なものと考えられる限り、道徳的行為と制作とは別のものと考えられるのほかない。しかし制作も決して単に客観的な過程でないように、道徳的行為も決して単に主観的な作用ではない。制作は主観的なものと客観的なものとの統一であるとすれば、我々の行為にはすべてそのようなところがある。制作における主観と客観との統一も決して単に直接的なものではない。道徳的行為は自覚的であるといわれるとすれば、制作もまた自覚的であるといわねばならぬであろう。

三

我々は主体として独立なもの、自律的なもの、自由なものである。かような主体は何よりも責任の主体である。我々は自己の如何なる行為の責任をも脱れ得るものではない。自己の行為の責任を他に転嫁することは自己の人格を抛棄することである。我々はつねに自己に対して責任を負うている。我々は自己の行為において良心的でなければならない。真の良心は自己の行為の動機についてのみでなく、その結果についても責任を感じるであろう。結果に対する責任を除いて真の責任というものは考えられない。行為の動機に対してのみ責任を負おうとする者は完全に責任を負う者でなく、真に良心的であるとはいえぬ。行為の結果に対して責任を負うということは単に自己の外部に対して責任を負うことでなく、また自己自身に対して責任を負うことである。なぜならすべての行為は自己を形成するという意味をもっているから。自己に対して責任を有するということは自己の形成に対して責任を有するということである。人間は歴史的なものとして不変なものでなく、行為において形成されるものである、行為は制作の意味を有する故に人間は行為において形成されるのである。行為を制作的行為と解することに反対する者は、人間を歴史的なものと見ないで、永久に不変な人格というようなものがあるかの如く考えているのである。行為は自己を形成するものである故に、為すこと、善く為すことに対して我々は責任を有している。もし行為の結果が自己の人格に関わりのないものであるならば、我々の良心は行為の結果に対して責任を負うことを要しないであろうし、また何故に一般に為すことが為さぬことよりも善いかの理由も理解し難いであろう。

ところで人間は環境を形成することによって自己を形成することができる。行為するというのは心のうちに留まることでなく、身体を介して外へ出てゆくことである。人間はつねに環境における存在であり、環境は彼の存在にとっていわば構成的である。環境は絶えず我々に影響を及ぼし、我々の存在と行為とを規定する。従って環境を形成することは自己を形成することであり、環境を形成することなしには自己は形成され得ない。我々の行為によって環境は変化されて新たになり、かように新たになった環境は逆に我々の人間を新たに形成することに働くであろう。しかしながら何故に我々は環境に対して責任を負わねばならぬであろうか。環境の形成なくして自己の形成はあり得ず、従って自己の形成に対して責任を有する者は環境の形成に対しても責任を有するといわれるにしても、かくの如き意味における環境に対する責任は結局自己に対する責任以外のものでなく、環境そのものに対する責任とはいい得ないであろう。自己に対する責任を通じてのほか我々は環境に対して責任を有しないのであろうか。

もし環境がただいわゆる環境の意味のものに過ぎないとすれば、我々は環境に対して本来的な責任を有しないであろう。環境に対して我々が責任を有するというには、環境は単なる環境でなく却って主体の意味を有しなければならぬ。主体は他の主体に対してのみ責任を有する。我々の環境は我々と同様に主体であるところの他の人間、他の人格であり、これに対して我々は責任を有すると考えられるであろう。しかしながら彼等は主体として独立なもの、自律的なものであり、かくて彼等は彼等自身に対して銘々責任を有するといわれるにしても、或いはいわれる限り、何故に我々は彼等に対して責任を負わねばならないであろうか。そしてたとい我々は彼等の個々の個人に対して責任を有するとしても、そのことは我々が社会に対して責任を有するということと同じであろうか。社会は各々の個人のいずれとも、諸々の個人の和とも等しくない。社会を単に個人と個人との関係と考えることも、社会からその実体性を奪ってしまうことになるであろう。社会は我々の存在の根拠である。言い換えると、人間は社会から形成されるものである。恰も家や寝床が我々によって作られたものであるように、人間は社会から作られたものである。作られたものにとって運動の原因は自己のうちにない。家が作られる場合、運動の原因は家にあるのでなくて人間にある。しかし他方アリストテレスもいったように家は家から生ずると見ることができる。技術によって出てくるのはその形が技術家の心のうちにあるようなものである。ところで形は各々のものの本質である。従って家は家から生ずるといわれる。家は建築家の活動から生ずるといわれると共に家は家から生ずるともいわれるのである。恰もそのように、人間は自己自身から形成されるといい得ると共に人間は社会から形成されるといい得るのである。人間は作られたものとして家の如きものでなく、独立な主体である。このように独立な主体を作るものは環境と見られる社会でなく、主体としての社会でなければならぬ。普通に我々が主体であって社会は我々の環境であると考えられている。けれども我々が作られたものである限り我々は主体であるよりも客体であり、環境といわれる社会の一部分に過ぎない。我々はすべてこの環境的社会ともいうべきものに属しており、その際主体と考えらるべきものは寧ろこの環境的社会を作る社会である。環境的社会に属するものとしての我々にとってそのような主体的社会は超越的である。しかしながら人間は独立なものとして作られ、作られたものであると共に作るものとして働く主体である。かくの如き主体としての我々にとって環境的社会はまさに環境であり、我々の作るものである。即ち環境に対して形成的に働くことによって我々は主体的社会或いは創造的社会の一要素として働くのである。そのとき我々は自己の主体的超越の根柢において創造的社会と一つである。かくの如き超越なくして主体は考えられず、行為も考えられない。そして人間が社会に対して責任を有するというのは何よりもかくの如き創造的社会に対してである。なぜならその場合社会に対する責任は同時に自己に対する責任であるから。その場合我々は自己に対する責任を介して社会に対する責任を有するのでなくむしろ社会に対する責任を介して自己に対する責任を有するのである。我々が他の個人に対して責任を有するのも、かような社会に対する責任を介してである。言い換えると、我々は創造的社会の要素として互に対して責任を負うており、互の呼び掛けに応える義務を有している。他の人間の呼び掛けに応えることはこの社会の呼び掛けに応えることである。我々は社会の創造に参加すべき責任を有している。環境的社会を変化し形成してゆく主体的社会の創造に参加し、環境的社会を変化し形成してゆくことが我々の行為の課題である。もとより環境的社会と創造的社会とは抽象的に分離さるべきものでなく、存在するのは一つの社会の自己形成であり、自己発展であって、我々の自己形成、自己発展もその中に包まれている。かような社会の発展に協力することが我々互の任務である。それは人格の問題であると共に仕事の問題であり、良心の問題であると共に有能性の問題であり、意志の問題であると共に知性の問題である。

倫理と人間

一

倫理は普通なにか義務を意味している。それは強制を含み、命令として存在する。このような倫理は格率において示されるのがつねである。我々はこれを格率的倫理と称することができる。倫理と通常いわれるものは諸格率の一体系として与えられている。

このような倫理をその純粋な姿において観察するならば、その特性は、それがまさに格率的であって、没人格的であるというところに見出される。格率的な倫理は二重の意味において没人格的或いは没人間的であろう。先ず一方において、それにとっては実際に我々に向って或る格率に服従することを命ずる者自身が倫理的に如何なる種類の人間であるかは問題にならない。不徳の人も有徳の人も他に対して同じように命令することができる。命令する人間の人間如何は、そこでは多くの問題にならない。このことは、それを命令するものが究極においては個々の人間ではなく社会であって、個人はいわばただこの社会を代表する資格で命令するに過ぎぬということを現わしているであろう。格率は非人称的な命題である。そして他方において、格率的な倫理は個々の人間、個性に対してそれぞれ個性的な関係を含むのでなく、すべての人間に向って一様に命令する。人間は個性としてでなく、むしろ社会として見られている。かような社会的人間として人間は「ひと」である。「ひとはしかじかのことを為さねばならぬ」というように格率は命じている。格率的倫理においては「ひと」という範疇が支配的である。この「ひと」はハイデッゲル的な "das Man" であって、日常性における、或いは平均性または凡庸性における人間である。格率的倫理はその意味で日常倫理にほかならない。かようにして格率的倫理はまさにその没人格性のために法則性もしくは普遍性を示している。

このような倫理の命ずるところのものは、仔細に見ると、個々独立でなく、相互に繋り合うのである。もろもろの義務はひとつの有機的組織を形作る。個々の義務は、もしそれをそれだけとして離して考えるならば、その強制力は微々たるものに過ぎないであろうが、つねにかような組織の一部分として、組織の全体によって力と権威とを賦与されている。格率的倫理は諸命令の一体系として存在する。体系といっても、それは本来決して合理的な、論理的関係における組織を意味するのではない、倫理はその根源に従えばパトス的なものに属し、ロゴスのことではないからである。もろもろの義務或いは命令がひとつの体系をなしているのは、かような倫理はもと社会的諸要求に応ずるものであり、そしてかような社会はひとつの有機的組織であるためである。その意味においてそれはベルグソンのいう社会的倫理にほかならず、彼の意味における社会的倫理は格率的であるということができる。

この場合社会的ということは正確に規定されることが必要である。ベルグソンは倫理的強制の根柢には社会があると考えるが、その社会というものは、彼によると、諸習慣の体系と見ることができる。倫理的とされる種類の習慣は直接的にか間接的にか社会的必要或いは要求に応ずるものである。それらはすべて相互に支持し合い、かくて相倚って一塊を成している。ひとつびとつとしては小さいものに過ぎぬ習慣による強制の沢山のものが一般的社会的強制の全体を形作る部分となり、そしてこの全体がその各部分に全体として有する権威を授け、「それは義務だ」という形式を与えるのである。人間の社会は蟻や蜂の巣と比較されて宜いものである、とベルグソンは考えた。ただ、かしこでは本能に委ねられることが、ここでは習慣に委ねられる。倫理的といわれる習慣の各々は、それだけとしては偶然的と考えられるにしても、その総体、いわばそれらの諸習慣を養う習慣は、社会の根柢にあってその存在を制約し、その強度においてもその規則性においても本能のそれに比すべき力をもっている。このものが強制の全体を意味し、それが個々の義務の基礎となっている。従って強制の本質は理性の要求とは別のものである、とベルグソンはいう。

主知主義的乃至合理主義的見解の如何なるものも倫理の事実に合致するものではない。

このように社会の成立において習慣が甚だ大きな役割を演ずるということは注目を要する事実である。一般にフランス思想の流において重要な位置を占める習慣の問題について深く研究することは興味のあることであると思う。我々はここにそれらの問題に立ち入ることはできないが、当面の関連においては恐らく次の如く考えられねばならぬ。本能と等価的に見られる習慣は、もと、広い意味におけるパトス的なものの一形態に属するであろう。パトスは主体性の意識である、しかるに習慣というような場合においては、主体はいわば客体のうちに縛られもしくは埋れて、両者は有機的融合的な関係にある。人間は単に主体でなく同時に客体であり、そして習慣的であるのはいわば主体と客体とが有機的融合的な場合である。そのとき人間は固有な意味において、「世界」のうちにあるといい得る。ところで、世界の「うちにある」inter-esse（sich dazwischen befinden, beiwohnen）ということは、人間にとってInteresse（関心、インテレスト）をもつという仕方においてあるということを意味している。これは、世界のうちにある人間が単なる客体でなくて同時に主体であることを現わす。しかしまたインテレストというものは「生の被制約性の感情」（イェーリング）、言い換えると主体的な生の客体的「世界」（特に「世間」という意味においても）への依存を現わすであろう。かようにして習慣は存在的・存在論的意味におけるインテレストと結び附いている。従ってベルグソンのいう社会的倫理、我々の言葉では格率的倫理の根柢にはつねにインテレストがある。インテレストというと、普通に全く個人的なものと考えられる傾向があるけれども、必ずしもそうでなく、それは根本的には人間が世界のうちにある interesse の存在的、存在論的意味を現わすものとして、むしろもっと社会的なものと考えられねばならぬ。このような倫理は強制を伴っているが、その強制は正確にいうと決して単に外部から来るのではない。我々の各々の者は自己自身に属すると同様に社会に属している。ベルグソンのいうところによると、我々の意識は、深みに探り入ることによって、降れば降るほど、愈々独自の、他の者と通約することのできぬ人格を我々に顕わにするにしても、我々は我々自身の表面によって、互に類似し互に依存し互に結合されている他の人々と連続的である。社会は外面化された諸人格から織り合わされた目の詰んだ織物のようなものであって、我々の自己はその表面においてそれに接合されているのである。このように結び附けられている点において我々自身は社会化されている。従って我々が人間のあいだの連繫として表象する倫理的義務は、先ず我々の各々の者を彼自身に繫ぐのであって、単なる外部に繫ぐのではない。もしも我々のうちに社会の何物もないならば、社会は我々を捉えることができないであろう。即ち、格率的倫理は社会的倫理であるが、その場合にいう社会がベルグソンの言葉によると「外面化された諸人格の目の詰んだ織物」であり、我々は「我々の表面において」それに織り合わされているというのは、そこでは人間において主体と客体とが有機的融合的であって、主体がいわば客体のうちに縛られ、埋れているという意味でなければならぬであろう。それに応じて人間は「ひと」という性格を得てくる。「ひと」というのは個人のことでなく、世間、社会のことである。「ひとがしかじかのことを言っている」といえば、世間でそう言っている、ということである。そのような意味で格率的倫理は「ひとの道」である。そのような倫理はすべて我々のインテレストに結び附いている。格率的倫理の根柢をなすものは interesse という人間の存在的・存在論的規定である。「ひと」というのは社会もしくは人間の社会性を現わす一つの範疇である。しかしながら社会の範疇的関係は単に「ひと」ということに限られず、ほかに「われわれ」及び「我と汝」という如き社会的範疇を考えることができるし、また考えなければならない。従って我々は社会を単に我々の表面においてのみ考えることに賛成することができないであろう。それだから我々は社会的倫理という語を避けて格率的倫理という語を用いてきた。社会は客体的方向においてばかりでなく、主体的方向において考えられねばならぬ。

ところでもし右に述べた如くであるとすれば、格率的倫理は根本においてドクサ的倫理にほかならない。ドクサというのは我々の定義によると主体と客体との有機的融合的統一の状態における人間意識の形態である。ドクサ的倫理は、いずれの者も他の者に類似し、互に依存し合う人間、即ちベルグソン的な意味で社会化された人間を繋ぐ。このような社会に結び附いた人間は安固である、彼の安固性 solidité はこのような連帯性 solidarité のうちにある。ひとがその倫理に従う限り、また従い得る限り、彼は安固であるというところに、その倫理のドクサ的性質が現われる。この安固は容易ともなる、ドクサ的倫理には精神的な不安も内面的な懐疑も属しない。既にいった如く、ドクサ的倫理もその根源は理性の要求というようなものでなくむしろパトスである。パトスは本来主体的な意識であるが、しかしこの場合にはパトスはいわば客体的なものに近く、それに接続している。Interesse は真に主体的な結合を現わすのでなく、インテレストは深いパトスとはいい得ない。従ってこの倫理においては、ベルグソンも述べているように、理智のはたらきが多く加わり、多くの理智が混じている。この倫理は種々のロゴス的意識の要素を含んでいる。かようにして特に悟性のはたらきによってドクサ的倫理は容易にドグマ化され、そこからしてそれは種々の格率の形をとって存在するに至るのがつねである。あらゆる倫理が本質的に格率的なものであるのではなく、ただこの種の倫理は、ドグマ化されて格率的なものとして現われるに至る自然的な必然的な傾向を含んでいるのである。この倫理は悟性的に合理化されて存在するにしても、もと合理的であるのではなく、その根柢にはつねにインテレストが横たわっている。

格率的な倫理のドクサ的性質はそれが関係するものからも知られることができる。倫理的強制の底には社会的要求がある、しかしその社会は如何なる社会であろうか。その社会はベルグソンの言葉によると「閉じた社会」la société close であって、家とか国とかいう如きものである。社会的倫理はつねに、それがどれほど広いものであるにしても、ひとつの閉じた社会を目標としている、とベルグソンは考える。それはそれ自体としては全人類を目標とするものではない。国家と人類との間には有限から無限へというような距離がある、閉じたものと開いたものとの差異がある。人類はいわば「開いた社会」la société ouverte である。市民的道徳の修行は家庭において行われ、同様に、彼の祖国を愛することによって人間種族を愛するように準備される、という風にひとはよく語っている。我々の同情心はこのように連続的な進歩によって拡まり、同じものにとどまりながら大きくなり、遂に全人類を抱擁するに至るもののように考えられている。しかしながらかように考えることは単にア・プリオリの推論に過ぎず、心についての全くの主知主義的な見解から出たものに過ぎないと、ベルグソンは主張する。閉じたものはどれほどその周辺を拡げても開いたものにはならない。「閉じた心」と「開いた心」とはどこまでも性質的に区別されねばならない。ひとは家族及び国家を越えて段階的に人類に達することはできぬ、そこには飛躍がなければならないのである。格率的倫理は閉じた社会を目差している、そこからそのドクサ的性質が従って来るであろう。この倫理はいわゆる家族倫理であり、いわゆる国民道徳である。国民道徳等々のものはおしなべてドクサ的倫理にほかならない。そこではつねに種々の格率が掲げられ、数えられる。その倫理はドグマ化されて我々に与えられている。いわゆるひとの道として説かれるものも真に人類的な倫理でなく、実はドグマ的倫理であるのが普通である。
いま歴史的社会的見地を導き入れて見ると、ドグマ的倫理は社会の均衡の状態に相応している。それは歴史における有機的時期に一致する。そのような状態、そのような時期においては、格率的倫理はそのドクサ的性質に従って或る自明性をもって妥当する。それは常識的な自明性を担っている。しかるにひとたび社会における矛盾が激化し、危機的時期が来ると、ドクサ的倫理はその自明性を喪失する。そしてそれに対する懐疑や否定が生じて来る。その自明性は元来イデア的な明証性に基くのではない。その倫理の根柢はパトス的なものである。我々が習慣的に繰り返される仕方で行動し得るのは常態を有する社会、従って均衡ある社会においてである。即ちドクサ的倫理は静的倫理であって動的倫理ではない。ベルグソンのいっている如く「社会的倫理」と「人類的倫理」との間には静止と運動というような区別があるであろう。静止をいくら加えても運動にはならぬ。格率的倫理と人間的倫理と――ベルグソンのいう人類的倫理を格率的という語に対して「人間的」と呼ぼう、――の差は程度上のものでなく、性質上のものである。それでは人間的倫理とは如何なるものであろうか。

二

格率的倫理が没人格的或いは没人間的であるのに反して、人間的倫理の中心にはまさに人間 Personnes が立っている。いつの時にもこの倫理を具現しているような人間が存在する。イスラエルの予言者、ギリシアの賢人、キリスト教の聖者などはその著しい例である。格率的倫理は、それが没人格的な定式に帰せられるに応じてより純粋で、より完全であるとすれば、人間的倫理は、それが十分に自分自身であるためには、模範となるような特別の人格において化身されることが必要である。前者の一般性は一つの法則が人々によって普遍的に受け容れられるところに存し、後者の一般性は一人の模範に人々が共通に従うということにかかっている。ベルグソンの言葉を用いると、格率的倫理は「没人格的 impersonnelles な社会的諸要求によって命ぜられた命令 ordres の体系」であるのに対して、人間的倫理は「人間性のうちに存する最も善いものを現わす人間によって我々の各々の良心に投げられた呼び掛け appels の総体」である。

これまで大部分の倫理学は主として格率的倫理を問題にしてきた。そこでは多くはドグマ的倫理が問題であった。これに対してベルグソンが命令ではなく人間を中心とするような倫理を取り上げ、その重要な意味を認めたのは注目すべきことであると思う。倫理は一般に格率的なものであると見るのは偏見に過ぎない。また命令的でなければ倫理的でないと考えてはならぬ、命令はむしろ特定の倫理のとる形である。人間的倫理はベルグソンのいうように命令ではなくて呼び掛けである。あらゆる倫理が強制もしくは圧迫 Pression を含むのではない。人間的倫理は却ってベルグソンのいうように希求 aspiration である。

我々にとって模範であるような人間は、我々に向って命令するというよりも、ただ彼がそこに在るということで我々に呼び掛ける。我々は彼にまで高まろうと憧れ、彼に等しくなろうと求め、彼に応じ、彼に従う。彼は命令によって我々に倫理的にはたらきかけるのではない、彼の人間、彼の存在そのものが我々のうちに倫理的な希求を喚び起すのである。このような彼の人間、彼の存在は、格率の体系に分解してしまうことの到底できないものである。人間的倫理が抽象的一般的なものでなくて性格的なものであることは明かである。もとより格率的倫理も抽象的一般的なものではなく、いわゆる閉じた社会の倫理として性格的なものである。国民とか民族とかいうものもそれぞれ性格的である。およそ倫理は性格的なものとして倫理的である。エートスという語はもと性格を意味した。性格的なものはパトス的なものであって、単にロゴス的なものではない。格率的倫理も人間的倫理も共にパトスを根柢としている。しかし二つの倫理が区別される限り、そこに何等かパトスの種類の区別がなければならぬ。この区別は如何なるものであろうか。

ベルグソンは感情 emotion に二つの種類もしくは変化、もしくは表出形態を区別している。第一のものにおいては、感情はひとつの観念または表象に継続する。この場合感情的状態は、これに何等負うことなく自分自身で足りているひとつの知的状態から従ってくる。それはそこに落ちてきた表象によって喚び起された感受性の震動である。しかるに表象によって決定されるのでない他の種類の感情がある。それは、それに伴う知的状態に対する関係において、結果でなくむしろ原因である。それは表象を産むものであって、表象から生れたものではない。第一の性質の感情は知性下 infra-intellectuelle のものと呼ばれ、第二の性質の感情は超知性 supra-intellectuelle のものと称せられる。即ち、表象の結果であり、表象に附け加わる感情のほかに、表象に先立ち、表象を潜在的に含みそして或る点まで表象の原因であるような感情がある、とベルグソンはいっている。後の種類の感情は創造的である。創造は何よりも感情を意味する。単に文学や美術のみでなく、科学上の発見についてもそのようにいうことができる。そして倫理に関してもまたそうである。ベルグソンによると、人類的倫理はこのような超知性的な感情にかかわり、これに反して社会的倫理はむしろ知性下的な感情に関係している。そこで我々の言葉を用いて説明するとこういうことになろう。倫理はパトスのうちにある、パトスは客体とはどこまでも秩序を異にする主体の主体性の意識として根源的であり、従って深いパトスは表象によって土台附けられているという如きものではない。人間的倫理は本来このような深いパトスに根差すのでなければならぬ。けれども主体は客体と弁証法的な関係にあり、主体の側に根源性は存しながらしかも主体が客体から規定される方面があるように、パトス的意識にはまたロゴス的意識によって規定される方面がある。このような関係においてパトスにも段階、その深浅の別があるであろう。主体的になることによってパトスは愈々深くなり、それに反して知性下的といわれるような感情は客体の方向に浮んだ、表面化された浅いパトスである。格率的倫理も倫理である限りパトスにかかわるものであるが、この場合パトスはむしろ知性下的なものである。主体と客体とはもとどこまでも秩序を異にしている。従って、主体がいわば客体に縛られ、そのうちに埋れているような場合、格率的倫理の場合においては、パトスは知性下的であるのに反して、超知性的といわれるような深いパトスに根差した人間的倫理の場合においては、主体は客体に対して内在的連続的でなく、超越的非連続的関係に立っていると考えられるであろう。ベルグソンは社会的倫理と人類的倫理との差別は程度上のものでなく、閉じたものと開いたものというような性質上のものであり、両者の関係は飛躍的非連続的であると論じているが、そのことは原理的には主体と客体とを全く秩序の異るものと見ることによって初めて理解され得るであろう。

　そこで明かになったことは、人間的倫理においては主体の客体に対する超越或いは非連続の関係が含まれるということである。かような意識を私はミュトス的意識と名附ける。格率的倫理がドクサ的倫理であるとすれば、人間的倫理はミュトス的倫理であるということができるであろう。人間的倫理の中心に立っている模範の意味を有するような人間はつねに多かれ少なかれミュトス化されている。かような人間は英雄（この語の伴い得る種々の通俗的意味を離れて）と呼ばれ得る。人間的倫理はベルグソンのいうように英雄の呼び掛け l'appel du héros によって生ずる。英雄というのは客観的に与えられたままの存在ではない。例えばソクラテスが今も我々にとって模範の意味を有する限り、彼は単に過去の存在でなく、現在なお生きているのでなければならぬ。しかるにこのことがあるのはミュトス化が行われるからである。我々は我々の模範を我々の間に求めることもできれば、千年も前の過去に見出すこともできる。このようなことが一般に可能であるのは、他の機会に論じた如く、主体と客体とが、従って私のいう事実としての歴史と存在としての歴史とが、単に内在的連続的でなく、また超越的非連続的であって、そのためにひとは彼の生命の燃焼せる事実としての歴史の立場から存在としての歴史の秩序における如何なる時へも自由に降り立ち得るからのことでなければならぬ。パトスによってミュトス化が行われるのはこのような関係においてである。英雄は単に客観的に与えられたものでなく、同時に主体的に、我々の深いパトスから創造されたもの、つねに新たに創造されつつあるものである。かようなものとして彼は現在に生きている。パトスはその深みにおいて真に動的なもの、真に現在的なものである。ベルトラムはニーチェに関する彼の書物のなかで、あらゆる出来事のうち歴史として存続するのは、つねに究極は――教会的な、浪漫的な、或いは伝奇的な附随的意味を離れて、レゲンデ（ミュトス）である、といっている。「かくの如き教会的意味を離れた意味でのレゲンデは、歴史的伝承の最も生命的な形態である。その最も原始的な同時にその最も究極的な、同時にまたその最も古い、そしてその最も深い形態である。ひとりそれのみが、つねにはたらけるものとして、太古と今日とを真に結合する、ただそれのみが聖者と民衆とを、英雄と農民とを結合する、予言者と後代とはただここにおいてのみ出会う。」ベルトラムによると、過去の人格は、過ぎ去ったものの知識及び認識としてではなくただミュトスとしてのみ生きて歴史に伝わるのである。かような見方はもとより科学としての歴史の立場においてはそのまま承認することは許されないであろう。しかしそれは少くとも倫理の立場によってはより真であり得るように思われる。ただ、我々はベルトラムの如き根本において有機体説的な歴史観――そこでは歴史も結局自然となる――を承認することができないと共に、ミュトスを歴史的伝承の形式という風にのみ考えることができぬ。真に倫理的な意味を有するミュトスは単に歴史的伝承的なものではなく、むしろベルグソンのいうような前進的 la marche en avant のものであるべきであろう。ミュトスはパトスから生れるのであるが、パトス的なものは動的なもの、現在的なもの、未来がそのうちに喰い入れる現在的なものである。パトスは根源的には客体的存在によって規定されるのでなく、真に深いパトスは主体的事実を根源的に表出する。しかるに事実は存在に対して存在の根拠の意味をもっている、それ故に倫理的なミュトスは生成した人間を現わすよりもむしろ人間の生成原理を現わすと考えることができる。「人類 l'humainité を愛する力を汲み取るひとが感じたのはつねに人類の生成原理 le principe générateur de l'espèce humaine との接触においてである」、とベルグソンもいっている。人間的倫理は深まるに従って存在の根拠ともいうべき主体的事実、事実としての歴史に接触する。かようなものとしてそれはその純粋な姿においては伝統的であるよりも創造的である。

ここに社会的歴史的見地を入れて見ると、人間的倫理のミュトス的性格は一層明瞭になるであろう。ミュトス的意識は社会の危機における、歴史の転形期における意識形態として特殊な意味をもっている。この時期においては倫理は多くミュトス的形態をとる、そしてそれがおのずから英雄主義的なものになるということは、我々の屢々現実の歴史において経験することである。多難の時代には英雄が現われる、という風にいわれる。これは種々の意味に解釈することができるであろうが、その理由のひとつが、かような時代には人間のミュトス化の傾向が著しくなるところにあるということは否めないであろう。そのときひとは彼等の行動において何人かに呼び掛けられ、彼に従い、彼についてゆくことを欲する。何人かが多かれ少なかれミュトス化されて英雄になる。倫理は格率的でなく、人間的になるのである。危機の意識において格率的倫理が揺り動かされるとき、人間的倫理が求められることになるのである。倫理的なミュトスはどのようなミュトスでもなく、人間のミュトス、ミュトス的人格であり、そこにこのミュトスの倫理性がある。尤もどのようなパトス的意識もロゴス的意識と結び附いている、従って深いパトスから発した倫理もやがて或る教義に、知性における説明的な表象にまで展開されるに至る方面のあることは当然であろう。

人間的倫理はつねに性格的である。もとよりそれが単に個人的であるという意味ではない。それは人間のミュトスを求めるという意味においてすでに個人的であることができぬ。多数の者がひとつの世代、ひとつの民族がひとりの人間を模範として行動することがある。その場合も、むしろそのような場合こそ倫理は性格的である。パトスは本来性格的であり、性格的なものはパトス的なものである。そして単に個人的なものは真に性格的でなく、ひとは他とパトスを共にすることによって真に性格的となる。その意味では倫理はパトスのうちにあるというよりもシュムパテイア（パトスが共なること）のうちにあるというべきであろう。ところでパトスは根源的なものとして人間に属している。人間はその根本的規定において単に客体でなく、同時に主体であるからである。従ってパトスに深浅の別があり、そのミュトス化に程度の差があるにしても、我々はつねに多かれ少なかれ他の人間をミュトス化しているのである。倫理的小英雄はつねに我々の傍にある。子供の親に対する場合が既にそうである。ミュトス的倫理は一定の歴史的場合において特に顕著になるにしても、それはつねに何等かの仕方で日常の生活のうちに含まれ、自覚していると否とに拘らず、それによって我々の現実の倫理的生活は生命的なものとなっている。ベルグソンのいうように習慣を基礎にする格率的倫理が生命的なものとなり得るのも、それが人間的倫理と結び附くからのことであろう。格率的倫理が創造性を欠くのに反して、人間的倫理は創造的である。創造の根源はパトスである。従来の倫理学において多く問題とされていない倫理的文化における創造性に注意を払うことが大切であると思う。倫理も歴史的なものである。倫理的英雄たち、小英雄たちのジーニヤス――彼等のパトスが彼等のジーニヤスである――によって倫理上の大小の諸創造はつねに行われてきたし、また絶えず行われつつある。タルドも模倣論の中でいっている、「諸義務は、久しい以前からそれを実行している者にはいかにも単純なものに見えるにしても、すべてその出発点においては個人的な独創的な発明であった。これらの発明は他の発明と同じように次々に現われ、そして次々に伝播したのである。」ドグマ的となって格率として存在する倫理にもその根源に溯ると創造的なものがあったであろう。人間的倫理はつねに何等かの程度において創造的である。そこでは模範となる人間が模倣されるようにいわれるが、それが人間的倫理である限り模倣は決して単なる模倣でなく、必ずそこには創造の方面が含まれている。根源的なパトスの創造性が何等か動いていない限り倫理は真に人間的であることができぬ。単なる模倣の過程においては倫理は反対にドグマ化され、格率化されることになるであろう。

しかしながら右に述べた限りでは人間的倫理というものがなお種々の曖昧さをもっていることは争われない。そしてそれは、一方では英雄主義的乃至ニーチェ流の超人的倫理に、他方では神秘主義に陥る危険を免れ難い。ベルグソンが人類的倫理として説くところのものに実際にかような曖昧さ、かような危険が含まれていることは見逃せないであろう。むしろ彼はみずから進んでその倫理の英雄主義及び神秘性について語っている。倫理に関することのような見方が全部は間違っていないにしても、それだけでは不十分であると思う。

それ故に我々は格率的倫理に対する関係において人間的倫理というものを一般的には認めながら、このものをいま少し仔細に考察しなければならぬ。

すでに述べたように人間的倫理はその本性において強制ではなく希求である。ベルグソンは人類的倫理は義務の倫理でなくて希求の倫理であるといっている。しからば希求的であるようなパトスは本来如何なる種類のものであろうか。それはプラトン的なエロスであると我々は考える。人間的倫理のパトスは格率的な倫理の場合のように単なるインテレストではない。ここでは人間の在り方は単にあの interesse でなく、すでに主体的な方向に深まっている。客体に対する主体のなにほどかの超越の関係がないところでは、倫理は一般に人間的であることが不可能である。インテレストの倫理は人間的倫理であることができぬ。このものはエロスの倫理でなければならぬように思われる。エロスの根本的性質はプラトンもいったように希求である。人間的倫理はもと命令するのでなく、説教するのですらない。そこでは「人間」は自分を示すだけでよいのである。彼の現在はそれだけで他の人間を倫理的に動かすに足りる、人々は彼の状態に向って希求する。すべてこれらのことはインテレストよりも深いエロスのはたらきに属している。ところで更にエロスの根本的性質は、これまた、エロスについて嘗て最も深い思索をめぐらしたプラトンが論じているように、その中間者的性質である。エロスは中間者的性質を有するものとして、その根本的規定において中間者であるような存在の優越な在り方を現わしている。そして人間はまさに中間者である。かようにして人間的な倫理はエロス——我々はこの語をつねにプラトン的な広さと深さとにおいて理解する——にもとづくと考えることができるであろう。しかしながら中間的ということはあたかも中間的として或る曖昧さを含むであろう。人間というものは曖昧な存在である。我々が人間的倫理といってきたものが曖昧であるのも偶然ではなく、むしろ人間の存在の根本的な曖昧さ、そしてエロスの中間者的性質にもとづくのである。人間的倫理は単なる人間的倫理としては曖昧であることを免れない。格率的倫理は或る自明性を担っている、けれどもそれはまさに格率的であって人間的ではない。エロスはインテレストとは異っている。エロスにはすでに客体からの主体の、主体の方向における超越もしくは深化が含まれている。しかしまたエロスは主体のどこまでも主体的なものに向う愛ではなく、主体のすでに客体的なものに向う愛である。

三

右の如く人間的倫理には或る根本的な曖昧さが含まれるのに反して、格率的倫理は何か明瞭なものであるかのように見える。ここでは倫理はドグマ化され、概念化されて、いくつかの徳目、従ってまた不徳目が数えられ、明示されている。この倫理は格率において類型化されており、人間を類型化する。そのことはいわゆる倫理的文学即ち勧善懲悪の文学における人間のタイプを見てもわかるであろう。この種の文学においては徳目、それ故にまた不徳目に従って、それを原理として、人間のタイプが構成される。そしてこのようにして構成されたタイプは類型的なものであるのがつねである。かような文学が善い意味においても悪い意味においても通俗性を有するのは、その基礎となっている倫理が格率的倫理であって、このものが上に述べた意味において通俗倫理であるためである。格率的倫理は人間を類型化するが、それは主体の側面から見るとやはりまた曖昧なものである。この範疇は「ひと」であった。「ひと」とは誰であるか。我のことでもなく汝のことでもなく、そして我のことでもあり汝のことでもある。そこにこの倫理の曖昧さがある。この倫理は格率において客観的な概念的な明瞭性を与えられているとはいえ、その根源はベルグソンの説くように習慣である。格率的倫理はコンヴェンショナルなものである。コンヴェンシヨンが成立するためには、人間の生活は単に本能に委ねられることなく、知性のはたらきが加わらねばならないであろう。けれどもこのとき知性は倫理の明瞭性を規定するものでなく、主として実用主義的なものである。習慣はインテレストにもとづき、コンヴェンシヨンはパトスに担われることによって通用するのである。格率的倫理は家族とか国民とかに関係している。それはいわゆる閉じた社会として客観的に見ると限定されたものであるが、主体的に見るとなお限定されぬものを含んでいる。それはパトス的な結合である。例えば民族というものは血とか地とかを基礎として考えられるが、血や地は単に客観的自然的なものとしてでなく、或る主体的自然的なもの、従ってパトス的なものとして理解されるのである。

格率的倫理における「ひと」が曖昧なものであるように、人間的倫理における「人間」も曖昧なものである。それは英雄という意味でミュトス化され、神秘化されている。この倫理も主体的に見るとなお曖昧なものであって、我々はその根柢としてエロスを見出した。エロスは如何にして限定され得るであろうか。エロスはプラトンにおいてのようにイデアに向うものとされ、イデアの限定によって限定されると考えることができる。しかしイデアの限定は要するに対象的な限定にほかならず、そのような限定によっては倫理は人間的倫理としての特性を失うばかりでなく、主体的には依然として限定されぬものを残している。プラトンによるとエロスはデモンである。主体的限定の根拠が明かにされるのでなければ倫理は根本において限定され得るものでない。そこで対象的にイデア的なものを考えるのでなく、カントにおいてのように主観的に実践理性というものを考えたならば、如何であろうか。カントは何等のインテレストにも関わらない純粋な意志の倫理を確立しようとした。しかし彼の説く人格の倫理にも不十分なところがある。カントはなお倫理は一般に格率的でなければならぬという偏見に囚われ、倫理をいわゆる断言的命令の形で現わした。断言的命令は、「汝の意志の格率がつねに同時にまた一般的立法の原理として妥当し得るように行為せよ」という。かような形式によっては倫理は非個性的、従って没人格的とならざるを得ず、人格の意味はカントの意図に反して否定されてしまわねばならないであろう。カントにとって人格とは理性的存在を意味するが、理性はすべての人間において共通な普遍的な要素であるから、これを基礎としてはそれぞれの人格の固有性或いは独自性は考えられないのである。自由な人格の結合と考えられたカントのいわゆる目的の王国の基礎は単なる理性に求めることができぬ。

このようにしてイデアの限定によっても、理性の限定によっても、倫理は限定され得ないとすれば、如何に考うべきであろうか。倫理の含む根本的な曖昧さは客観的な限定によっては克服され得ないものである。真に主体的なものの方向における倫理的限定は如何に考えらるべきであろうか。ここにエロス的愛よりも深いアガペ的愛の問題がある。アガペはパトス的なものであるがまた同時にロゴス的なものである。ちょうど感覚という場合、それは一方原初的な対象的意識を現わすと同時に、他方感覚的ということは肉欲的というように対象と直接に結び附いたパトス的なものを現わすのと同様である。感覚が客体的方向の極限におけるロゴスとパトスの統一であるとすれば、アガペは主体的方向の極限におけるパトスとロゴスの統一である。このようなアガペの限定によって初めて倫理は真に限定され得るように思われる。アガペは主体的に限定された我と汝の関係として成立する。エロスが対象に連続的融合的に結合しようとするのに対して、アガペは我に附いたものとして汝を内容に、対象にもつというのではない。我と汝は絶対に非連続的である。アガペは我の体験という形式に入るものではない。アガペは我と汝の間に生ずるのである。このようなアガペに至るまでは人間的倫理はどこまでも曖昧にとどまるであろう。

時務の論理

「時務の論理」Logik der Geschäfte という語は、『十五及び十六世紀における人間の把握と分析』というディルタイの論文の中で、マキアヴェリについて論じた箇所に見出される(Wilhelm Dilthey, Gesammelte Schriften, II. Band, S. 29.)。ディルタイはこれを「実践的悟性」der praktische Verstand の論理と考えている。彼によると、マキアヴェリにおいて時務の論理としての実践的悟性は時務の領域においてのみでなく科学の領域においても自己の至上性を自覚した。このような時務の論理は如何に考えられねばならぬであろうか。

時務の論理はマキアヴェリにおいては政治の論理である。彼の政治学は政治的行動的人間の立場における政治学である。時務の論理は政治的行為の論理である。政治的行為は、他のあらゆる行為と同じく、むしろ他のあらゆる行為にまさって、技術的でなければならぬ。時務の論理はマキアヴェリにおいて「国家の技術」arte del stato の論理であった。それは国家の技術或いは国政の論理としていわゆる「国家の理性」ragione di stato

の立場に立つのである。* 国家の理性というのは先ず理論的理性でなくて実践的理性である。実践的理性といっても、もちろんカントやフィヒテにおける実践的理性の如きものではない。マキアヴェリは道徳の自律性を認めなかった、とディルタイはいっている。国家の理性は倫理的・当為的なものでなく、むしろ自然的・必然的なものであり、その限り「国家の利害の関心」Staatsinteresse という如きものである。もし国家の理性が単に国家及び公的生活に関係づけられた道徳的理性に過ぎないとしたならば、「国家の理性」Staatsräson という特別の語が形成される必要もなかったであろう。この特殊な言葉は、国家とその活動とについては普通の道徳的要求からの或る逸脱が容認されねばならぬ必然性を暗黙のうちに告白しているのである。この意味において国家の理性は「国家の必然性」Staatsnotwendigkeit である。このような国家の理性は先ず本質的に技術的でなければならぬ。それは道徳的理性というよりも技術的理性であるといわれるであろう。ディルタイが実践的「理性」といわないで実践的「悟性」といっているのもそのためでなければならぬ。国家の理性の立場における技術とは如何なるものであろうか。それは国家の利害の関心を基礎とする功利的見地から道徳を全く無視して打算された権謀術数を意味するであろうか。マキアヴェリズムとして喧伝される「現実政治」Realpolitik というものはかくの如きものと考えられている。現実政治は何よりも技術的でなければならない。しかし単なる権謀術数が如何にして技術、国家の技術と呼ばれ得るであろうか。単なる権謀術数が如何にして論理、時務の論理と見られ得るであろうか。現実政治は時務の論理に従わなければならぬ。この論理と倫理とは如何なる関係に立つであろうか。

＊ ragione di stato, raison d'État, Staatsräson（Staatsvernunft）という語の適訳は未だ見当らない。やはり「国家の理性」と直訳するのが無難であり、また科学的であろうか。

マキアヴェリは近代において科学としての政治学を樹立した人であると一般にいわれている。彼は政治を経験科学的並びに歴史的基礎の上に据えたのである。彼の根本思想は、ディルタイによると、人間の同形性である。マキアヴェリは書いている、「未来を予見しようと欲する者は過去を見なければならぬ、なぜなら地上における一切のものはつねに過去のものとの類似性を有するから、と利口な人々がいうのをつねとするのは、無思慮なことでも理由のないことでもない。それは、それらのものがつねに同一の情念を有しまた有した人間によって為されるということ、従って結果もまたつねに同一でなければならぬということに依るのである。」そしてそこに政治学の可能性、未来の予言及び歴史の利用の可能性が存している。「現在や過去の事件を観察すると、すべての都市と国民においてむかしから同じ願望や気分が支配していたということが容易に認められる。それ故に過去を注意深く研究する者は、各国家における未来の出来事を容易に予見し、古人によって使用されたのと同じ手段を使用することができ、また何等使用された手段を見出さない場合、彼は出来事の類似性のために新しい手段を工夫することができる。」かようにして時務の論理は可能になる。即ちマキアヴェリによると、人間性はつねに同一であり、この同一の原因はつねに同一の結果を生ずるものである故に、その認識にもとづいて出来事を支配する手段を発見することができるのである。時務の論理は経験的事実についての科学的認識の上に立たねばならぬ。技術は科学を基礎としている。時務の論理は単なる権謀術数ではなく、現実についての客観的認識を前提すべきものである。かような認識を含むものとして「国家の理性」も何等か理性といい得るのである。尤もマキアヴェリが政治学の基礎を人間学に求めたこと、しかもその人間学において人間をひとつの自然力の如く見たこと等については、種々の批評があり得るであろう。重要なのは、いずれにしても経験科学的・歴史的認識の上に政治的技術を立てようとした彼の根本的態度である。もしマキアヴェリズムが単なる権謀術数を意味するとしたならば、何故に彼が歴史についての科学的研究に努力したかという理由は理解されないであろう。

もとより技術は科学と直ちに一つのものではない。技術は客観的な認識と主観的な目的との綜合である。この目的はマキアヴェリにおいて徳 virtù である。徳はこの場合単にいわゆる道徳のことではない。マキアヴェリは中世的・彼岸的な考え方を排し、古代的・人文的な考え方を取った。マイエルのいうように、彼における徳は全く此岸的なものである。「それはすぐれた意味における此岸的理想である。あらゆる障碍を越え、この世において自己を貫徹し、そして貫徹する程度に従ってのみ評価されるところの不屈の男性的力である。この力は人間において、恰も植物においてのように、意志されることなく自然生的にはたらく。それは身体的並びに精神的生命力の最高の発揚である」(E. W. Mayer, Machiavellis Geschichtsauffassung und sein Begriff virtù, 1912, S. 19.)。マキアヴェリはキリスト教的道徳が従順、謙虚、地上的なものの軽蔑を説くのを非難し、古代人の宗教が名誉、勇気、力を徳と考えたことを称揚する。ギリシア人にとって徳は働きのあること、有能性を意味したように、マキアヴェリにおいて徳は力 fòrza を意味した。国家の理性は国家の自己保存と自己発展の自然的な生命力を意味している。国家の技術はその立場から歴史的現実を支配する技術である。徳を力と考えることは道徳を技術的なものとして把握したことを示すものであろう。

国家の目的はそれぞれ特殊的なものである。しかるに歴史的現実は法則に従っている。技術はかくして一般的なものと特殊的なものとの統一を求めることであり、主観的なものと客観的なものとの綜合を求めることであって、そこに時務の論理がある。国家の目的は自然生的な意欲として特殊的なものである。しかるに力が徳であるにしても、徳そのものがまた一つの力であり得るのであって、マキアヴェリもそのことを忘れなかった。国家は力を求める上からいっても道徳的でなければならないであろう。この場合徳は単に特殊的なものでなく、一般性を有するものでなければならないのである。そこでマイネッケも次のように書いている、「クラトス（力）とエートス（徳）との間には、権力欲に従っての行動と道徳的責任に従っての行動との間には、国家的生活の高所においては一つの橋が、まさに国家の理性 Staatsräson が存在する、このものは何が合目的的で、有用で、救済的であるか、その生存の最上をそれぞれの時に達するために国家は何を為さねばならぬかの考量である。そこになお十分に評価されていない国家の理性の問題の強大な、単に歴史的のみでなくまた哲学的意義がある。……国家の理性は最大の二重性と分裂の行動の原則である、それは一つは自然に向い一つは精神に向った側面を有している。そしていわば自然的なものと精神的なものとがそこにおいて互に移行する一つの中央の部分を有している」(Fr. Meinecke, Die Idee der Staatsräson, 3te Auflage 1929, S. 6.)。かくの如く力と徳、自然的なものと精神的なものとの綜合を求めるところに国家の理性が技術的でなければならぬ理由があり、そこに時務の論理がある。しかるに政治の技術は自然に対する技術と同じであることができないであろう。自然に対する技術が客観的なものを対象とするのに反して、政治の技術は主体的なものを対象とする。そこで政治の技術にはおのずから権謀術数的なところが生じてくる。マキアヴェリは人間の同形性を彼の政治学の基礎としたが、この人間性を主として情念という自然的な非合理的なものと見、更に歴史のうちには偶然fortuna が支配すると考えた。このものが歴史を多彩ならしめる。それは運命であり、歴史的な偶然性と個別性を現わしている。歴史的なものは純粋に合理的な必然的なものでないとすれば、国家の技術には何等か権謀術数の如きものがなければならぬであろう。

もしそうであるならば、時務の論理は単なる実践的悟性のことであり得るであろうか。ディルタイは右に挙げた論文の同じ箇所で次のようにいっている、「彼（マキアヴェリ）は、以前の如何なる国家哲学者にもまさって、内面的親和力のおかげで、政治的天才の創造的能力、即ち同形的な人間性並びにそれから従ってくる政治的生活の法則の一般的条件のもとに政治的生活において働いているこの事実を考量する実証的構想力 diese mit Tatsachen berechnende positive Phantasie を把握している」(loc. cit., S. 33)。政治的技術は発明的であり、創造的である。それは一般的なものと特殊的なものとの、主観的なものと客観的なものとの、自然的なものと精神的なものとの綜合の能力としての構想力に属している。時務の論理としての実践的悟性は根源的には実証的構想力でなければならぬ。

ルネサンスの時代においては多くの技術的発明が芸術家によってなされたということは注目すべき事実である。芸術家は同時に工作人であったのである。彼等はすぐれて「実証的構想力」を所有していた。マキアヴェリの構想力はその偉大さにおいて彼の同時代人アリオストやミケランジェロのそれに比較し得るものである、とディルタイはいっている。科学と技術、技術と芸術とのかくの如き幸福な結合は、新しい文化の創造が要望されている今日想起さるべきことである。国家も芸術品の如きものである。創造的な構想力を有する政治家の出現がこの時代に待望されるのであって、そうでなければ「現実政治」というものはただ悪しき名に過ぎないであろう。

批評の生理と病理

一

公衆なるものは物を書かない批評家から成っている、という風なことをヴォルテールがいった。書かれるということでなく、話されるということが批評の自然である。書かれた批評に対して我々は多くの場合何か或る不自然なものを感じないであろうか。書かれた批評は独語的になり易く、しかるに批評は、本来、会話のうちに生きるものである。

会話も固より歴史をもっている。それは話す人の性質、彼等の文化の程度、彼等の社会的境遇に従って甚だしく相違する。恰も歩行の速度が都会人は速く田舎者は緩かであるように、都会人の会話は速く、田舎者の談話は緩かである。よく知り合った人々の話がおのずと知人の生活や性格の個人的な事柄に落ちてゆくのに反して、互にあまり知らない人々はおのずから一般的な題目について話し、広く関心のもたれる観念について語ることに傾くであろう。このような有様から察せられ得る如く、談話の内容及び形式は歴史において変化する。そして批評の歴史は談話の歴史を離れて考えることができぬであろう。批評は現実的な言語即ち談話のうちにつねに自然的に含まれている。会話はいつも批評の要素を含み、会話の形式が変るに応じて批評の仕方も変る。「パリの真の批評は談話において作られる。」と批評家サント・ブウヴはいった。好い談話の存する社会においてはまた好い批評がなされるであろう。書かれた批評も会話の精神によって生かされていなければならない。批評の傑作と認められるプラトンの『パイドロス』は談話の花咲いたギリシアにおいて対話の形式をもって書かれた。批評の精神は会話の精神である。会話の精神が批評といわれる広い意味における文学の特殊な形態の精神でなければならない。それだからして今日のジャーナリズムにおいても批評の行詰りの感ぜられる場合、「座談会」というような形式が思い附かれるのは自然のことであると見られよう。

しかし話される批評は批評家の批評というよりもむしろ公衆の批評である。世間には物を書かない、従って批評家といわれない沢山の批評家がある。彼等は書くことによってでなく話すことによって批評する。いわゆる批評家でなく却ってこの人々が真に批評する者であると考えることができる。蓋しいわゆる批評家即ち物を書く批評家はそれが読まれるために、だからそれ自身がまた批評されるために書くのである。批評家の書いた批評は話される批評によって批評されるのみならず、それは再び「論壇時評」や「文芸時評」などの如きにおいて他の著述家的批評家によって批評されるであろうし、そしてこの批評もまた更に同様に批評されるであろう。批評家というのは批評する者のことでなく、批評される者のことであるといわれてよいほどである。物を書かないあの人々が却って批評する者である。批評家が批評される者であるところに批評家というものの悲哀が、或る矛盾があるであろう。批評家はそのような自己の矛盾を如何にしてなくすることができるか。

話される批評が関心するのは主として現在である。そこにこの批評の根本的な性格が見出される。それは過去や伝統や背景の如きものに殆ど煩わされることなく、何よりもアクチュアリティのあるものについて、いわゆる時事問題、最近の出来事、昨日今日の新刊物について話すのがならいである。それ故に話される批評はいわばその日暮しの批評である。「昨日の書物の批評は批評でない、それは談話である。」とジュール・ルメエトルがどこかで書いている。それはたしかに談話である。しかしながら過去のものの批評のみが批評であるのでなく、書かれた批評ばかりが批評であるのでもなく、また話される批評は何等重要でないといわるべきではなかろう。過去の批評と雖もこれを無視することができぬ。或る一定の著作がその同時代の人々によって如何に批評されたかということは、後の時代の批評家にとっても決して無関係なことではないのである。根源的に見ると、話される批評は批評家の批評即ち書かれる批評の溜池である。一群の批評家の文章は或るサロンの、或るサークルの、もしくは大衆の談話における批評から流れ出てくる。彼等の批評は或るサロンの会話、一定のサークルの意見、或いはまた公衆の輿論を再現する。かくて話される批評の書記であるような批評家が存在している。「批評家は公衆の書記にほかならない。」かくの如き書記的批評家はジャーナリストと呼ばれてよいところの者である。彼等はジャーナリストと呼ばれるにふさわしい、なぜならジャーナルという言葉はもとその日その日の報道を意味し、そして話される批評の関心するのは昨日の事件、今日の問題であるからである。記者的要素を含まぬ個人的批評家はジャーナリストといわれぬであろう。ジャーナリストは元来話される批評の書記であるのである。

それ故に批評家は批評される者であるという上に述べた矛盾は、批評家がジャーナリストになることによってなくなるであろう。しかしもし批評家が話される批評の書記にほかならないとすれば、彼等はもはや批評家といわれなくはないか。何故にジャーナリストは、しかもなお批評家と見られるのであろうか、話される批評は現実において或るグループの、或る党派のうちにおける批評であるから、従ってその書記である者も他のグループ、他の党派に対する関係においては批評家として現われるのである。ジャーナリストは公平な批評家であるよりも、むしろ党派的意見の代表者である。また個人の独自の批評をなす者は本来の意味でジャーナリストでなく、ジャーナリストとして存続することも困難であろう。ジャーナリズムは公衆の輿論を代表するといわれている。しかし公衆というものはもとブルジョワ・デモクラシーと結び附いた存在であり、従ってその輿論というものも元来なんら超党派的という意味での公のものであるのではない。ジャーナリストは党派的であってみれば、その精神は反抗の精神であると考えることもできる。けれども彼は個人的な反抗家にとどまることなく、書記的要素をもたねばならぬのであるから、彼は抑圧されたもの、擡頭しつつあるものの党派に与することによってその批評家としての面目をよく発揮し得るであろう。否定の要素を除いて批評はないとすれば、そのような党派はそれ自身において批評的な党派であるといわれてよいものである。

このようにしてジャーナリストにとっておのずから或るサークル、或るグループ、或る党派に媚びるということが起り易い。いわゆる仲間ぼめ、その他が生ずる。もちろん物を書く人間の誰がひとに気に入ること、ひとに悦ばれることを求めないであろうか。しかしすべての点においてひとに気に入ろうとすることは媚びることである。そのとき批評の精神は全く失われてしまうであろう。一定の党派から感心されるには、自分で独立に思惟し判断するよりも、きまり文句を平気でいうほうが近道だ。演説会で喝采を博しようと欲する者がきまり文句を叫ぶことを忘れてはならないのと同様である。しかしそれでは批評の職分は尽されないであろう。なぜなら批評の根本的な機能は人間の精神をその自然的傾向に属する自働性に対して防衛することにあるからである。批評家は恐らく自分自身のオートマティズムに対して自分を防衛することから始めなければならぬ。ところでジャーナリストは党派的であることによって批評家として現われるのであるから、批評が最も繁栄するように見えるのはつまり多元論的雰囲気においてであるということになるであろう。即ち思想上の、文学上の、趣味上の、同様に勢込んだ、同時に存在する、敵対的な体系が同等の権利をもって主張される時である。かようなプルラリズムはリベラリズムと結び附いている。十九世紀において特に批評が盛大になったということは、この時代のリベラリズムの傾向と無関係ではない。かくて多元論及び自由主義はジャーナリズムの発達にとって好都合な地盤であった。そして公衆というものの発達はまたジャーナリズムの発達と不離の関係にあるのである。ジャーナリズムは主として公衆を対象とし、公衆の輿論は少なからずジャーナリズムに負うている。社会学者タルドの規定によると、公衆とは「純粋に精神的な集団」であって、その「凝聚力は全く心的」である。即ち公衆とは身体のない精神である。それだから公衆は、違った立場にある思想家キェルケゴールが『現代の批判』の中でいった言葉を借りると、「抽象的な全体であって、その参加者が第三者の役を演ずるというような可笑しな仕方で作られる。」公衆のこのような性質に批評家・ジャーナリストの性質が相応するであろう。この頃著名な文芸批評家ティボーデーは『批評の生理学』という本のなかで、批評家は「個人的身体をもたぬ精神」であるというようなことを書いている。創作家は身体をもっている、それでなければ創作はできぬ。もちろん個人的身体のみが問題ではなかろう、批評家・ジャーナリストにとっては個人的身体は問題でないともいえる。しかし彼等は今日ともすれば社会的身体をもたぬ精神となっているのである。

そこに彼等の無力の原因がある。

批評家はこのような無力の状態を単なる批評家以上のもの、即ち指導者となることによって脱し得るであろう。指導者は単なる批評家でなく、みずから実践する者である。デモクラシーやリベラリズムが無力にされ、従って公衆というものが次第に影の薄くなるに応じて、批評家・ジャーナリストは次第に無力にされてくるように思われる。闘争は実践による批評である。しかるにジャーナリズムの批評は話される批評に基礎をもっている。闘争の必要とするのは身体をもてる精神、それだから指導者である。しかるに批評家は身体をもたぬ精神である。嘗て吉野作造氏や山川均氏などの書かれたような指導的論文がこの頃の雑誌に見られないというのは、単に個々のジャーナリストの才能の問題でなく、社会情勢の変化によることである。言論の自由、検閲の問題などもその中に数えられるが、しかしデモクラシーの無力にされた後においては、指導的論文を書く者があるとすれば、それは批評家ではなくて、真の実践的指導者である。今日むしろ批評家は自分の仕事の限界を明瞭に意識するように要求されているのではなかろうか。それは何よりも彼等が自分の仕事を有効に有意味に為し得るために必要であろう。それとも批評家はみずから実践的指導者にまで飛躍することを要求されている。批評とか批判というと何か優越を意味するように感じるのはいわば言語的錯覚に過ぎないのである。

二

我々は固より批評家・ジャーナリストの価値を過少に評価する者に与するものではない。ジャーナリズムの批評は時事評論であり、今日の批評である。そこでは今日の精神において、今日の言葉と今日の気転をもって、速かに且つ気持よく読まれるために必要なあらゆる手段を尽して、今日の思想が、それが新しいものと見えるような形式のもとに書かれる。ジャーナリストはできるだけ速くそして広く読ませるように書くのであって、殆ど二度と繰返して読まれるために書くのではない。彼等の書いたものは十二時間の後には、一週間、一ケ月の後には恐らく顧みられないであろう。それだからといって、ジャーナリストの批評は無駄であろうか。講壇人はそのように考えがちであるけれども、決してそうなのではない。ジャーナリストの書いたものは十二時間、一週間、一ケ月の後には誰も殆ど手に取ろうとはせず、二度と繰返して読もうとはしないであろうが、しかし一度は必ず読ませるように書くというのがジャーナリストの才能である。彼等の批評は十二時間、一週間、一ケ月の後にはもはや批評でなくむしろ記録と見られるようなものになるであろう、しかし彼等の批評が過去の批評でなく、まさに現在の批評、今日の批評であるところに特別の重要性があることを忘れてはならない。ジャーナリズムとは反対にアカデミズムは主として過去の批評に関心するのがつねである。しかるに過去があるためには現在がなければならぬ。ベルグソンの哲学を持ち出すまでもなく、あらゆる生は時間において経過する。過去の記憶があるためには、この過去が現在であったのでなければならない。もとよりこの現在においてひとの目を惹き、センセイションを喚び起したものの実に多くは時と共に跡形もなく忘却の海の中に沈んでしまうであろう。その日暮しをせねばならぬジャーナリズムがそれらの多くのものを取り上げるというのは結局徒労ではないであろうか。たとえば、フランスの悲劇で何が残っているかというと、コルネイユとラシイヌである。しかるにコルネイユやラシイヌが存在するためには、その当時において、悲劇様式が生きた様式であり、従って他の人々によっても悲劇が書かれ、そして公衆がそれに対して関心をもっていたということがなければならぬであろう。文学史家ランソンがいっている如く、傑作というものは、一、他人の獲得した勝利の鐘を鳴らすようなものであることもあり得るし、二、また既に他人の攻撃によって弱り果てていた要塞を最後の一撃で打破ったというようなものであることもあり得るし、三、或いは多くの人々による襲撃開始の信号として打鳴らされた太鼓に過ぎないようなものであることもあり得るし、四、或いはまた四散していた人々を糾合し、いわば輿論の日々の命令のなかに一思想を記入させたというようなものであることもあり得る。いずれにせよ、或る一人の人間の作品が傑作として現われまた伝えられるためには、他の沢山の人々によって同種の凡作が作られねばならぬといわれ得るであろう。それだから同様に、その日その日の批評がこのようなその日その日の文学的生に伴われることが必要であると考えられねばならないであろう。

我々はしばしば次のような言葉を聞く、批評はいつでも後からついてゆく、先ず創作家があり、作品が書かれねばならぬ、しかる後はじめて批評はなされ得るのである、それ故に批評は要するに第二次的な仕事である。このような言葉はもちろん全くは間違っていない。しかしながらそれは半分の真理でしかなく、またそれはアカデミズムの批評についてはより多く真理であるにしても、ジャーナリズムの批評についてはより少く真理であるともいわれよう。アカデミーにおける批評は古典的な大作家の後にくっつき、彼等の輝ける足跡を辿り、彼等の遺産を集め、その目録を作ることに大部分終始している。それが好んで取扱うのは完成された古典的作品である。ところが、ジャーナリズムの批評は毎日の喧騒に混じている。その批評は歴史がそこにおいて絶えず新たに作られつつある現在のうちにある。従ってその批評、その基礎である話される批評は、生成しつつあるもしくは生成せんとする著作家及び著作に直接に影響を与え、この著作家及び著作にいわば合体するのである。今日の批評は明日の創作に影響し得る。その場合批評家は協力者である。このように批評家の職分は、政治上にせよ、学問上にせよ、芸術上にせよ、行為し或いは創作する者の協力者であることであろう。身体をもたぬ精神たる批評家は自己を身体に結合することを心掛けねばならぬ。つねに第三者であるところに批評家の力があるといわれる、しかしまたそこに彼の無力もあるのである。自己を単に批評家として意識している批評家は悪しき批評家であろう。歴史における「批判的時代」である現代はまたそのような悪しき批評家の輩出する時代でもある。協力者であろうとする批評家の関心すべきものは何よりも実践によって運動しつつある現実の歴史でなければならぬ。しかるに自己を単に批評家として意識している批評家の陥る危険は、彼等が実際家と競争しようとし、特に彼等自身が物を書く人であることによって、他の物を書く人間即ち創作家（芸術上並びに学問上の意味において）、及び彼等と同様の批評家と競争しようとすること、しかもみずから実際家或いは創作家となることによってではなく、批評家として競争しようとすることである。そこからあらゆるソフィズムが生れ得る。物を書く批評家がソフィストとなる危険はさほど遠くはないのである。

ジャーナリズムの批評は今日の感覚と今日の言葉をもっての批評であるから、ジャーナリストはモダンで、いわゆる近代人でなければならぬ。しかるにこれは決して想像されるほど容易でない。「私には古代人であるよりも近代人であることがはるかに困難に思われる。」とジューベールも書いている。モダンであることがクラシックであることよりも容易であるかのように考えるのは講壇人の偏見である。新しいもの、生成しつつあるものの同情者、理解者、味方であるところにジャーナリストのすぐれた仕事がある。即ち上に述べた如く、ジャーナリズムの批評は現在の批評であることに特殊な重要性があるのであるが、それはかようなその日暮しの批評であるところから、その批評の原理或いは思想も全くその日暮しのものになってしまう危険をもっている。その危険は、事実においては無主義、無原則、無思想でありながら、何か或る、そして新しい、主義や原則や思想をもっているかの如く振舞うようにされているところにある。批評の精神は或る意味では懐疑のこころである、懐疑のこころは相対性の感覚である。現に存在する一ダースの新聞や雑誌を毎日走り読みすることによって我々は何を得るであろうか。相対性の感覚もしくは智慧である。そしてほんとをいうと、それがまたかくも多くの批評家を作り出しつつある原因のひとつともなっている。しかるにそのような相対性の智慧は、この智慧を有する者によって我々に与えられるのであるか。決してそうでなく、むしろ反対に、それは断言し、主張し、宣言する人間によって我々に与えられるのである。「ジャーナリズムにおいてはあらゆる方法が宜い、だがモンテエニュの方法は例外だ。」とエミール・ファゲエが書いている。ジャーナリストは「私が何を知っているか」といってはならぬ、「私はすべてを知っている」といわねばならない。ジャーナリズムにおいては「ひどくぶつことが問題だ」ともいわれている。諺に、賢者は只一冊の本の人間を恐れるというが、この言葉をうけてひとはいう、だが只一つのジャーナルの人間の場合は如何であろうか、と。彼はもとより恐るべきである。しかしながら一ダースのジャーナルを読む人間にも新しい危険がある。彼は結局アイロニイと懐疑に陥り、実践的意志を磨滅させられるという危険がある。それはともかく、現在の批評に従事するジャーナリストには無原理、無原則になる危険があり、そして彼等が原理や原則の上に立とうとするとき、今度は反対に批評がオートマティズムに陥り、公式論乃至結果論になる危険がある。しかるにこのようなオートマティズムに対して防衛することがまさに批評の任務であったのである。批評ということと原理や原則の適用或いは応用ということとは違うのであって、批評家と学者とが違ったものと考えられるのもそのためである。批評は特殊を普遍の単なる一事例として説明するのでなく、普遍と特殊とのそれぞれの場合におけるそれぞれの生きた具体的な関係を発見し、樹立することに努めなければならない。その意味において批評の精神は弁証法の精神であり、また逆に批評の精神を離れて弁証法はないともいい得るであろう。

三

ところでアカデミズムの批評は、ジャーナリズムの批評が現在の批評であるのに対して過去の批評であるのが普通である。そして実際において現在の批評と過去の批評とは同じ機関、同じメカニズム、同じ才能を要求するのでなく、従って同一の人間が同時に両者に成功するということは殆ど不可能であるように思われる。批評家・ジャーナリストと批評家・プロフェッサーとは批評の二つの異る範疇に属している。事実を見ても、教授たちは例えば平安朝時代或いは徳川時代の作家や作品の批評はするが、同時代の作家、昨日今日の作品の批評は敢てせず、よしんばしたとしても成功し得るかどうか、疑問である。同じ人間について見ても、その青壮年の時期に同時代のものの批評に成功したにしても、一生そうあることができるということは稀であろう。それだからサント・ブウヴは後にはポール・ロワイヤルの研究に、即ち過去の批評に遁れたし、嘗てはすぐれた批評家・ジャーナリストであった吉野作造博士の如きも晩年には主として歴史的研究に没頭されたようである。ところで話すことは書くことに先立つ。ジャーナリズムの批評が談話もしくは会話に基礎をおくに反して、教壇の批評はその起原を説教から発する。以前学校の仕事をしていたのは教会や寺院であった。そこで類型的なジャーナリズムの批評には何となく談話における雄弁の響があるし、類型的なアカデミズムの批評には説教における雄弁の響があるように感じられる。

しかし批評家・プロフェッサーの批評は話すことに基礎を有するのではない。話すことの現実性は談話であり、会話である。プロフェッサーはなによりも読む人間である。詩人は感じたことについて語り、旅行者は見たことについて語り、そして教授は読んだことについて語る。読者の世界が彼にとって実在の世界となる。しかるに読むということはひとが想像するほど広く及び得るものではない。もちろん正直な批評家は原作を読んだものについてのほか書かないであろう。けれども彼は読んだもののすべてを想い起し得るわけでなく、また多くの場合記憶に信頼して話すことと他人に信頼して話すこととの間に実際上何等違いがないことがある。ひとは自分の書庫の本を毎朝読み返すことができるものでない。サロンの批評は時として或る新刊書について自分で読まないでただ読んだ人の話を聞くだけで定まった意見を作ることがある。今日或る人々はもとの論文やもとの作品を読まないでただ新聞や雑誌の論壇時評や文芸時評を読むだけでその論文やその作品について定まった意見を作っている。これは固より歓迎すべきことではない。しかしながら批評家・プロフェッサーと雖も時には同様の遣方をしないということは不可能である。そこから先ずひとつの危険が従って来る。即ち彼等は著者についての自分自身の感情及び判断を表明する代りに、著者についての伝統的意見を編纂するにとどまるということが生じ得る。言い換えると、その題目について従来オーソリティをもった批評家が書いているところのもの、或いは学校で教えられたところのものを繰り返すに過ぎないということになる。伝統はもちろんそれ自身として非難さるべきものでなく、伝統なしには文化の発展もあり得ないのであるけれども、他方において伝統は批評が何よりもそれに対して防衛しなければならぬところの精神のオートマティズムを惹き起し易いものである。自分の責任を回避し、なるだけ無難な批評をするために、或いは自分の思惟の怠惰を佯り自分の無見識を隠すために伝統に頼るということもなくはなかろう。講壇の批評が知らず識らずの間に如何に甚だしく伝統に支配されているかは、それがそのような伝統の欠けているところ、即ちまさに今生成しつつあるものに対しては殆ど理解することを知らず、これをすべて何か軽佻浮薄なものとして非難するだけであるのが普通であることを見てもわかる。講壇の批評はだいたい一世代遅れている、それは新しいもの、進歩的なものに対する戦争の状態において生きるように余儀なくされている。伝統についても、それは伝統を継ぐものであって伝統を作るものではない。伝統を作るものはむしろ話される批評、従ってまたジャーナリズムの批評である。この種類の批評によって例えばフロベールやボードレールなどは講壇の批評に押し附けられ、かくて古典の位置を獲得するに至ったのである。それが過去の批評であるところから、講壇の批評が歴史的相対主義に陥り易いということはまたそれの他のひとつの危険である。広く歴史を見渡すとき何等絶対的なものは存しない。或る立場、或る思想、或る形式を絶対的としてそれに熱中し熱狂するが如きは子供らしいこと、無知と無学とによるものと考えられる。そういう博識なプロフェッサーたちにおける誤謬は、真の歴史は過去の歴史でなく現在の歴史であるということを実際に理解しないことである。現在の歴史は行為において行われ、しかるに行為するためには一方に決めることが必要であって、相対主義の立場においては行為することが不可能である。プロフェッサーたちのいわゆる学者的良心はしばしば生活に対する良心に背反する。彼等はジャーナリズムの批評が性急な、尚早な断定を下すことを非難する。彼等のいわゆる学者的良心は、それが性急な仕事だという口実のもとに急ぎの仕事の必要に服することを拒絶し、それは決定的な仕事でないという口実のもとに有用な仕事に従うことを拒絶し、かくてつまり艱難なる、迂余曲折せる生活のために尽すことを拒絶するのである。いわゆる学者的良心はペダンティズムに終る。仕事をしない口実としての細心或いは慎重というものほど学者における陰鬱なペダンティズムはないであろう。

アカデミズムの批評は、この派の一頭目と見られるブリュンチエールの言葉に依ると、「鑑別し、分類し、説明する」ことである。ジャーナリズムの批評の関心するのが個々の具体的なもの、この事件、この人物、この作品であるのに対して、アカデミズムの批評の関心するのは或る一般的なもの、主義や流派、様式や形式である。それは多様なものの間の連鎖と連続とを求めることに苦心する。従ってその批評は構成による批評である。批評することはそこでは個々のものを鑑別して一定の範疇に入れ、部類に分け、一般的規則から説明することである。それだからアカデミズムの批評は飛躍的なもの、非連続的なもの、革命的なものに対して自然的な嫌悪もしくは恐怖をもっている。新しいもの、生成しつつあるものに対して少くとも懐疑の眼を投げかける。このようにしてそれは現在の現実から面をそむけて過去の歴史の中へ逃げ込む。現在に対しては真に批評するのでなく、固定した一般的規則や形式を無駄に、しかし威猛高に命令し、教訓するにとどまる。批評は訓戒に変るばかりでなく、批評はむしろ歴史に、思想史に、文学史に、等々に変る。しかるに本来をいうと批評の精神は現在の精神である。それは過ぎ去ったもの、完成したものに対する感覚であるよりも、来たりつつあるもの、生成しつつあるものに対する感覚である。しかもこのような批評の精神なしに最上の歴史が書かれ得るか、疑問である。固よりこの頃のベルグソニズムの批評家たちのように歴史的方法を不当に軽蔑することは戒しむべきである。過去の歴史を理解することなしには現在の批評も的確に行われることができない。我々は歴史の弁証法的発展の思想の上に立ち、従って非連続と共に連続を、質的飛躍と共に量的増大を考える。ジャーナリズムの批評がその日暮しの批評として無原理、無原則の弊に流れ易いということも認めねばならぬ。批評は批評することによって一般的なもの、普遍的なものを求めなければならない。或いはヘーゲルが『哲学的批評の本質に就いて』という論文のなかで述べているように、イデーなしには批評は不可能であるといい得るであろう。しかしながら普遍的なものはそのものとして抽象的に固定させられてはならぬ。普遍的なものは生命的なものとして自己を種々の現実の形態に分化しつつ発展する。渾沌として捉えどころのないように見える現実のうちに一般的なものを発見するのが批評の任務であり、しかしひとたび一般的なものが樹立された後にはその硬化に対して防衛することが批評の任務である。

四

右に述べた二種類の批評のほかになお第三の種類の批評がある。ティボーデーは『批評の生理学』において、自然的批評、専門的批評及び大作家の批評という三種類を掲げている。文学についていうと、わが国でも創作家が批評を書くことは多く、あまりに多過ぎると思われるほどである。反対に、新聞雑誌で専門の文学史家に批評を書かせることをもつと試みても宜かろうと思う。それはともかく、創作家の批評とは如何なる性質のものであるかを考えてみよう。

言うまでもなく我々は創作家の批評を種類において批評家の批評と区別される限りにおいて問題にしなければならぬ。例えば正宗白鳥氏がこの頃書かれる批評の如きは創作家の批評でなくむしろ批評家の批評と見らるべきであろう。創作家の批評はそのものとしては自己の創作の見地からの批評である。従ってそれは先ず単なる趣味の批評ではない。趣味の批評は却って教養ある公衆の批評であり、話される批評である。創作家が最上の趣味の人間であるかどうかは疑問である。趣味はそれだけでは何物も創造しない。あまりに趣味の豊かな芸術家は十分に冒険的であることができず、泳ぐために水の中へ敢て飛び込むことができないであろう。趣味は臆病なものである。「我々を無くするひとつの物、我々を束縛するひとつの馬鹿げた物がある。それは『趣味』、よい趣味である。我々はそれを持ち過ぎている、我々は必要以上にそれに構っているというのである。」とフロベールも書いている。創作するには情熱が、プラトン的なマニアが、洗煉されたものよりもむしろ自然的なもの、フィジカルなものが必要である。趣味は既に在るもの、実現された作品の上ではたらくのであって、何か全く新しいものを作るにはそれだけでは無能力である。そしてまた創作家の批評が公平であるとは誰も信じないであろう。あまりによく理解する者は実践的であることができぬ、或いはむしろ、すべてを理解する者は何事も真に理解していないのである。創作家の批評における偏見、不公正を指摘することは容易である。尤も、公平な批評が必ずしも有力な批評ではない。世の中には無理のない批評でしかもそれから何も学ぶことのできない批評がある。このようにして創作家の批評は自分と反対の思想、傾向、気質の作家及び作品を批評した場合よりも自分と同じ気質、傾向、思想の作家及び作品を批評した場合に面白いもの、有益なものが多い。欠点の批評よりも長所の批評に美しいものがある。その批評の美しさは、情熱と感激、共感と共鳴をもって、自分とコンジーニアルなものにおいてそのジーニアスを発見してゆく深さである。

いま芸術家の場合についていったことは思想及び学問の領域における創造者、発見家、体系家などについても或る程度までいわれ得るであろう。すべてそれらの人々は独立の批評的文章を書かないにしても何等かの仕方で批評している。批評を含むことなしには創造することもできないというのが人間的創造の約束であるように思われる。彼等は批評家によって批評されるばかりでなく、自分自身でも批評する。彼等は彼等の批評家をも批評する、しかも批評的文章によってでなくむしろ自己のオリジナルな著作によって批評する。彼等の創作は他の批評に対する熱烈な答弁であることがある。かくて要するに人間の世界においてはすべてが批評する者であると共に批評される者であるとすれば、最後に批評する者は誰であるか。それは歴史であると答えられるであろう。この答は全く正しい。しかしその場合、歴史はまた人間の作るものであるということを附け加えるのを忘れてはならない。だから批評家を悉く気にする者は馬鹿である、しかし批評家を全く気にしない者も馬鹿であろう。ところで歴史を動かす大勢力は大衆である。それ故に恐るべきは批評家でなくて大衆であるといえる。社会的に評価されなくなるや否や、如何なる仕事も忘却の海の中に影を没しなければならないのである。そこでまたあらゆる批評する者の用い得る最も恐るべき手段は最も簡単な手段である、即ち黙殺するということである。今日の多くの批評家の欠点はこの有効な手段を用いることを忘れがちであるところにあるといえるであろう。

さて批評は嘗て天才の頂上に達したことがあるであろうか。批評が批評としてそこに到達したことは未だなく、またそれは不可能であるようにさえ思われる。批評家は身体のない精神であるといわれる。しかるに身体的なもの、自然的なもの、物質的なものなしには天才はない。天才とは行為し、生産し、創造する者であるからである。身体のない精神であるような批評家が天才的なものに達することは不可能であろう。嘗て存在する最上の批評は単なる批評家によって書かれたものではないのである。批評の傑作といわれる『パイドロス』を書いたのは哲学者プラトンであって、彼は単なる批評家ではなかった。好き批評家は身体をもてる精神でなければならぬ。しかるに批評家が真に身体をもつとき彼は批評家以上のものとなる、彼は実践的指導者となり、或いは文化の諸領域における創作家、創造者となるであろう。しかしまた他の方面から見ると、批評の精神なくして指導者も、創作家もないであろう。指導者や創作家と並べて、批評家の位置は何を意味するであろうか。批評家は啓蒙家である。かくいうことによって我々は批評家の価値を低く評価しようとするものではない。他の機会に述べた如く、社会の転形期は一般に啓蒙時代として特徴附けられ得るとすれば、このような時代における啓蒙家の役割は決して小さくはないであろう。特に批評家・ジャーナリストの仕事は啓蒙家であることにある。ジャーナリストを通俗化する人のように見る見方は間違っている。従来の学問上の定説或いは通説を真理としてこれを通俗化するだけでは生きたジャーナリストではない。彼等はむしろそれを訂正し、作り直す人である。彼等の優秀な者は、十八世紀のアンシクロペディストがそうであったように、当代の立派な学者である。しかし彼等はいわゆる学者ではない。彼等にとっては純粋に学究的な問題ではなくて社会の現実的な問題が関心の中心である。ジャーナリストの本質は、学問を通俗化することにあるのでなく、新しいイデオロギーを代表し、独特の文体をもち、そして問題の或る特殊な取扱い方をするところにある。彼等は学者であるよりもむしろ広義における文学者であって、十八世紀の百科辞書家と同じく文学史上に独自の位置を占むべきものであろう。今日のジャーナリストもあのアンシクロペディストと同じく或る特殊な文学形態を生産しつつあるのであり、またそうすることを要求されているのではなかろうか。啓蒙とは旧いイデオロギーに対する新しいイデオロギーの宣伝及び普及を意味している。転形期の社会においては相対立するイデオロギーが存在するものであるから、啓蒙は批評を離れては行われ得ない。そこに批評家の批評家としての歴史における役割がある。

レトリックの精神

今日、文学における新しい精神というものを求めるなら、それはあの、特に若い世代によっていわれている人間性の探求という標語のうちに見出されるであろう。人間性の問題は最初プロレタリア文学に対する批評として現われ、プロレタリア文学の発展の停頓と共に漸次普及した。そのために人間性の探求の要求は一見プロレタリア文学と全く対蹠的な立場に立つものであるかのように見えた。事実それはプロレタリア文学における社会的見方並びにイデオロギー的方法の人間性に対する重圧に向って抗議的に投げ掛けられた言葉であった。そこで人間性の探求の問題はこれをテマ的に展開しようとするや否や、必然的にプロレタリア文学を通じて持ち出された二つの重要な問題に、即ち一方では社会性の問題、他方ではイデオロギー性の問題に面接せざるを得ない。かようにして先ず第一に、今日人間性の探究について語る者は人間性と社会性との関係を問題にすることが普通のようである。この問題はたしかに重要な、そして根本的な問題である。しかし私はここに第二の、同様に根本的で重要な問題、即ち文学における人間性の探求とイデオロギーとの関係の問題に注意したいと思う。もちろん、二つの問題は、相互に関連しているのである。

文学におけるイデオロギーの問題というと、さしあたり文学と思想の問題というように考えられる。思想は文学にとって外的なもの、外部から附け加わって来るものと考えられるであろう。思想は客観的なもの、一般的なものと見られるであろう。イデオロギーをもって書くということは、過去のプロレタリア文学の多くにおいてはマルクス主義理論の適用ということになり、あの公式主義的類型的文学の傾向を生じ、文学は創作でなく論文や解説もしくはその代用物に堕し去ったという批評を行わせた。かような文学が人間性の無視、喪失、虐殺に終ったのは言うまでもないことである。それでは、与えられた思想によって書くのでなしに、作家がみずから思考して書くとしたら如何であろうか。事態はたしかに改善され得るように見える。しかしながら思考するということは或る客観的なもの、一般的な理論に到達するためではないか。思想はかような客観的なもの、一般的なものとして、思考するという主観的作用の結果、その生産物にほかならない。従って思想によって書くということは、思考して書くということの簡約化、経済化に過ぎないとも見ることができる。いずれにしても思考するということが客観的なもの、一般的なものを思考することである限り、文学における人間性の問題とイデオロギー性の問題とは相容れない二つの事柄でなければならぬように思われる。なぜなら人間性を問題にするということは具体的なもの、性格的なもの、個性的なもの、主体的なものを問題にすることであるからである。しかし他方、文学から思考を除外し排斥するということは無意味であるのみでなく、不可能であろう。文学は言語の芸術である。そしてロゴスというギリシア語が言語を意味すると共に思考を意味する如く、言語と思考とはどこまでも一つのものと考えられる。文学は思想の芸術ともいわれている。偉大な文学はつねに偉大な思想を含む。プロレタリア文学にしても単にイデオロギー的であるという理由で芸術的に価値が低いとはいわれないであろう。かくて文学における思想乃至思考の問題は格本的な点において困難に出会うかのように見える。もし人間性の思考というようなものがあり得ないとすれば、人間性の探求ということも無意味な言葉になり終りはしないであろうか。

ここにおいて我々は思考の両重性に注意しなければならない。この両重性を現わすために、我々は論理学（ロジック）的思考と修辞学（レトリック）的思考という語を術語的に導入しようと思う。普通に思考というと、論理学的思考のことが考えられている。論理学は思考の学であり、その法則を研究する。この場合思考は客観的思考であり、一般的なもの、従ってまた抽象的なものの思考である。かような論理学に対してレトリックというものがある。レトリックは言語に関する学であるが、言語と思考とが一つのもの或いは不可分のものである限り、レトリックもまた思考の学の一種と見られてよい筈である。我々は実にそのように考える。レトリックはその本質において単なる雄弁術乃至いわゆる修辞学でなく、言語文章の上の単なる装飾、美化の術ではない。近代の哲学はレトリックの問題を殆ど全く無視もしくは忘却しているが、それはその抽象性と貧困化とを語るものである。哲学は自己の本質を失わないためにここでも自己の端初、即ちギリシア哲学に還らなければならない。ギリシア哲学においては論理学よりもレトリックが寧ろ先位を占めていた。この事実は哲学が生の現実、民族の社会的生活と現実的連関にあったことを示している。その『オルガノン』によって論理学の父と呼ばれるアリストテレスは、これと並んで『アルス・レトリカ』という極めて重要な著作を遺している。ただこの著作の有する意義は今日なお遺憾ながら一般には十分に理解されていない。レトリック的思考はロジック的思考に対して如何に区別することができるであろうか。いま当面の問題に関係する限りその点を明かにしよう。

誰かを相手にして話すとき、我々はつねに或るレトリックを用いている。そしてそのとき全く無意味に話しているのでない限り、我々は思考しつつ話しているのである。従って我々の用いるレトリックは我々の思考の仕方を現わしている筈である。もし如何なるレトリックにもよらないで話すとすれば、我々は自分を他人に十分に理解させることができないであろう。レトリックは特殊な思考の仕方であり、相手を説得することに、その信（ピスティス）を得ることに関係している。かようなものとしてレトリックも特殊な証明を含まなければならぬ。レトリックにはレトリックの固有の論理がある。レトリック的な証明はエンテュメーマと称せられる。それは論理学的な証明即ちシュロギスモスとは性質の異るものであるが、一種の論証であって、アリストテレスによるとレトリック的なシュロギスモス（推論）と看做され得るものである。ただ論理学的な証明がロゴスのうちにあるのに反して、レトリック的な証明は却ってパトスのうちにある。レトリック的に話す、従ってレトリック的に思考する場合、我々は相手が如何なる状態にあるか、彼の感情とか気分を考慮に入れ、思考の仕方はそれによって規定されている。言い換えるとレトリック的に思考するとき、我々は相手のロゴス（理性）よりも彼のパトスに、もしくは彼自身のレトリック的思考に訴え、それにふさわしい言語的表現即ちレトリックを用いるのである。聴き手においてパトスが言葉によって動かされるとき、聴き手自身が証明の道具となる。しかし更に重要なことは、かようなレトリック的思考はつねに話し手自身のパトスに結び附き、これによって規定されている。それは各人のエートス（性格）に従ってそれぞれ異るところの性格的な思考である。性格は根本においてパトス的なものである。レトリック的思考はその証明を話し手のエートスのうちに有するようなものである。それは各個人において異るばかりでなく、各々の国民、各々の社会、各々の世代において異っている。既にしばしば述べた如く、我々がパトスとか主体とかいう場合、決して単に個人的なものを指すのではない。例えばひとはドイツ哲学とフランス哲学とは考え方が違うなどという。このときもし考え方というものが、論理学的思考方法の意味であるとすれば、両者の間に差異のあるべき理由はないであろう。論理学的思考は普遍妥当性を有し、各国民各個人等において相違すべきでないからである。それぞれに相違し特殊性を有するのはレトリック的思考、主体的にパトス的に規定された思考でなければならない。同じように、もし我々がフランス文学の精神とドイツ文学の精神とは異るというならば、その差異は主として両者におけるレトリック的思考の相違にもとづくであろう。フンボルトは各々の言語は個性を有し、その国民の到達した世界観の産物であるといっている。言語は単に論理的なものではない。それは、世界観も同じく、パトス的なものの表現の方面を有している。

レトリック的思考は主体的に規定された思考であり、その根柢にはパトスがある。それとの区別において、ロジック的思考は対象的に限定された思考と見られることができる。後者の内容が一般的なものであるとすれば、前者は個別的なものに関わるといわれるであろう。論理学的思考は真理性 Wahrheit に関わるに対して、レトリック的思考の関わるのはむしろ真実性 Wahrhaftigkeit である。これは客観的論理的に見ると蓋然的な価値のものでしかないであろうが、論理的なものよりも更に深い意味において真理であるということができる。レトリック的思考も思考としてロゴス的なものであるとすれば、このときロゴスはまさに聴くものであって、語るのは却ってパトスであるともいえるであろう。もろもろのパトスは、或いは囁くもの、或いは話すもの、或いは叫ぶものである。パトスは声なき声である。それは見られるものというよりも聴かれるものである。思考は根源的には見ることでなくて聴くことである。そこに思考にとっての根本的な或る受動性が存在する。近代の哲学は思考作用をあまりに一面的に能動的なものと考え、そのために抽象的な主観主義に陥らねばならなかった。根源的に能動的なものはむしろパトスであり、ロゴスはパトスの囁きや話し声や叫びに応じて語るものである。悟性の活動を動かすのは感情である。固より我々は思考の能動的方面にも注意することを怠るべきではない。思考の本性は受動的能動性にある。パトスは本来語るものですらなく、自然の如く沈黙せるものといえる。声なき声を聴くという意味ですでにロゴスは或る能動的なものである。しかし思考の能動性はアランがいった浄化作用というようなところに認められるであろう。アランは悟性の役割は感情とか感動とかいうものの浄化作用にあると述べている。思考との接触によりその浄化作用を通じてパトスは見られるものとなり、或る具象性を得てくる。思考の自然的進行はつねに感情からイデーへ行く、とアランはいっている。イデーは見られたものであると共に見るものである。なぜなら、このようなイデーはその根源において能動的なパトスに起因し、絶えずこれによって担われているのであるから。このイデーが芸術家の物を見る「眼」にほかならないであろう。

もしこのイデーを思想と呼ぶならば、文学における思想というのは根本においてかくの如きものを意味するであろう。かくの如き思想は文学にとって外部から附け加わって来るものでなく、却ってそれなしには創作活動もあり得ないようなものである。それは客観的世界の概括乃至説明としての理論の如きものでなく、却ってその根柢には深いパトスを蔵している。そのような思想は公式的なもの、一般的なものでなくて、性格的なものである。作品に含まれる思想はただその作家とパトスを共にすることによってのみ真に理解されることができる。かくの如くパトスを共にする（シュムパテイア）ところの、この意味での同情或いは共感にもとづく思考である点に、レトリック的思考のひとつの重要な性質がある。直観と呼ばれるものはこの意味における同情的思考であろう。ベルグソンも同情と直観とを一つのものに考えている。思考は純粋になればなるほど孤独になるのでなく、むしろ同情的になる。同情というのは、単に対象と一つになるということでなく、もと人と人との関係である。パトスの対象となるのは何よりも人間である。レトリック的思考の根柢にはつねに人と人との関係がある。それは論理的であるよりも倫理的である。レトリック的思考は我と物との関係ではなく我と汝との関係において成立し、かかるものとして本来最も具体的な意味においてディアレクティッシュなものである。

私はイデーは見られたものであると共に見るものであるといった。従っていまの場合思想は思想であると共に思考である。これは思想が生命的なものであることを意味する。このような思想はすべてみずからスタイルを具えている。いな、思考のはたらきなしにはスタイルはあり得ない、しかしこの思考の根柢にはパトスがあるのであり、従ってまたスタイルはパトスのうちにあるのである。フロベールは書いている、「スタイルは言葉の下にあると同様に言葉の内にある。それは作品の魂であると同様に肉である。」言葉の下にあるもの、作品の肉であるものはパトスにほかならないであろう。しかしこのものはスタイルの価値のものであるが、なおスタイルではない。スタイルは作家の思考である。それは作家が物を見る「眼」である。スタイルは装飾のことでもなければ、単にテクニックの問題でもない。ひとはレトリックによってスタイルが作られるというように考えている。まことにその通りであろうけれども、そのときレトリックはひとの考える如く単なる修辞学、文章の美化の術のことではあり得ない。スタイルを作るのは我々のいうレトリック的思考でなければならぬ。

かようにして人間性の探求とレトリック的思考との結合はもはや明瞭である。我々の日常の言語においてさえ我々の用いるレトリックは相手の人間性、彼の性格、気質、感情、気分等の理解と結び附いている。人間性の理解なしに用いられるレトリックは無駄であり、無意味である。レトリック的思考は人間学的思考であるということができるであろう。人間性の探求は、かかる探求者即ちモラリストと呼ばれる者を定義しつつヴィネェが述べた如く、人間性をドクトリン化することでなく、人間性についてのイデーを与えることである。人間性をドクトリン化することは心理学、生物学、社会学など、種々の客観的科学に属している。人間性についてのイデー、上にいった意味での思想を与えるのは文学が第一であろう。この場合人間性の探求における思考は概念的論理的思考ではなくレトリック的思考である。論理学的思考が客観的なものの思考であるのに対して、レトリック的思考は主体的なものの思考である。このような思考は或る直観的なものであり、芸術家の根本能力とされる想像力或いは構想力はこのような思考を離れてないであろう。人間性の探求においては、科学の二本の松葉杖といわれる観察と帰納の方法もこのような想像力の生命的な力に生かされるのでないと前進することができない。ひとはしばしば人間性の探求はモンテエニュなどの場合のように懐疑によると述べている。ところでこの懐疑の固有の立場はロジック的思考の立場ではない。論理主義の哲学者は懐疑論は自己矛盾に陥り、論理的に不可能であると論じている。懐疑の立場はレトリック的思考即ち主体的に規定されたパトス的な思考にとってのみ真実性を有するのである。今日文学の再建が問題になっているとき要求されるのは、懐疑とか不安とかとは反対に、意欲の確立であるといわれるであろう。意欲は如何にして確立され得るか。思考することなしには不可能である。しかしそれは作家が一定のドクトリンを確立することではなく、まさに意欲を確立することであり、彼の思考がパトスからイデーへ行くこと、作家の眼が、思考のスタイルが確立されることである。意欲は燃焼するも、それを見ゆるまた物を見えしめる火とするのは思考のはたきである。

アンドレ・ジイドはこう書いている、「文学において自己を怖れるとは何という馬鹿げたことであろう。自己を語ること、自己に関心をもつこと、自己を示すことを怖れるとは。

(フロベールの苦難の行の必要は、彼にこの偽れる悲しむべき効果を考え出させたのである。)」レトリック的思考は、如何なる場合にも自己を語り、自己を示している。文学において自己を語るというのは、例えば私小説においてのように、単に自分に関することを書くことではない。文学の言葉においてはパトスはロゴスに向って告白するのである。上にいったように、ロゴスはパトスの声を聴くことによって語る、そこに最も深い意味での告白がある。かような言葉が真に表現的である。ジイドは続けて書いている。「パスカルはモンテエニュに、己を語るといって叱責した。そしてそれを滑稽な痒がりだとした。しかし彼みずから、自分の意に反して、そういうことをしたときほど、彼が偉大であったことはない。彼がこう書くとする。『キリストは人のために自分の血を流した』と。その彼の言葉は何等の効果をももたずして落ちる。だが、『私は』という言葉がはいって来るや否や、すべては生きてくる。そしてこの神が彼の許に来るならば、彼を君僕で呼ぶであろう。『僕は君のためにこんなに血を流した』と。この特別の血を、君のために、ブレーズ・パスカルよ……そうすれば、我々の誰でもが、この讃うべき君僕の言葉使いに、己が理解されていることを感ずるのである。」いったい自己を語るということは現実的な意味においては他の自己に対してのみ可能である。私が私を語り得るのは汝に対してのみである。物に対しては私は私を真に語ることができない。豊島与志雄氏は右の文章を引いた後、書いている。「この君僕の言葉使いは、文学の上では直接には為されない。然しながら、そういう言葉使いが為されてるかどうかは、読者の胸に伝わるものである。そしてそれによって読者は、作者の意欲の性質を感ずるのである。これは文学の深奥な道である。然し、感性に訴えるこの道は、理性に訴える論説や説教の道よりも、案外短距離である。」この君僕の言葉使いこそレトリックの精神を示すものである。この精神によって作家は真に読者に呼び掛けることができる。レトリック的に思考することによって作家は自己の意欲、自己の思想を読者に伝えることができる。そのとき作家は理性や論理に訴えるのでなく、パトスに、この感性的なものに訴えるのである。しかもレトリック的な思考はつねに我々の現実の生活のうちに含まれ、生きている具体的な思考にほかならない。もちろん、そのような君僕の言葉使いは文学の上で直接になされ得るものではないであろうが、レトリックの精神は生かされなければならぬ。問題は単に修辞上のことでなく、思考方法のことであり、単に表現の仕方に関することでなく、文学の精神に関することである。

レトリックは元来社会的なものである。それはギリシアにおいて法廷、民衆議会、市場等、国民の社会生活の中から生れた。アリストテレスによると、レトリックは弁証論の孫であると共に、倫理学の孫である、そして彼にとっては倫理学と政治学とは別のものでなかった。レトリックは単に会話の術でないにしても、決して独語ではないのである。レトリックは自分を相手に、社会に説得する方法であった。それは論理学によって論証し説明するのではなく、相手のパトスに訴え、相手の信（ピスティス）を得ることに努める。けれども思考なしには説得することはできないであろう。真の文学は固有の論理によって説得する。それは論理によってでなくレトリック的思考によって説得するのである。それが説得するという意味で如何なる文学にも宣伝的意義が含まれるということができる。文学が宣伝であるということは、文学に議論や説教を勧めることではなく、実にレトリック的に思考するように要求することである。パトス的な思考がレトリック的であるということは、パトスの根本的な社会性を現わしている。文学上の迫真力というものも、このような思考とその固有の論理の説得力を除いて考えられないであろう。ただ物を忠実に描くというような単なる客観主義からは迫真力は生じて来ないのであって、そこにレトリック的思考がはたらかねばならぬ。レトリックは独語でなく、相手に向っての思考であるところから、レトリックと一緒に考えられる種々の悪弊、例えば単に読者における心理的効果をのみあてこんだり、またそのために徒らに装飾や美化を行うというようなことが起り易いであろう。しかしながらレトリック的思考の本性はそのようなところにあるのではない。この思考も思考として厳密を要求する。自己のパトスにおける真実、主体的真実性なしに真のレトリック的思考はあり得ない。思考の主体的真実性を求めるのがレトリックの精神である。文学の社会的機能を考えると同時に自己における主体的真実性を求めるということがレトリックの精神であろう。論理学的思考において厳密であることはむしろ容易であり、レトリック的思考において厳密であることは極めて困難である。孤独な思考は真実であり得ても、レトリック的思考には虚偽が混入し易いものである。

現実的な言葉は、アリストテレスがいったように、話す人、それについて話される物、聴く人という三つの要素を含んでいる。これに応じてレトリック的証明も具体的には三つの要素から成り立つと考えることができる。それは上に述べた話し手のエートスによる証明、聴き手のパトスによる証明、そして話される物についての客観的証明である。初めの二つは広い意味ではパトスにおける証明と見られることができ、これに反して最後のものはロゴスによる証明である。従ってレトリック的思考も完全であるためには論理学的思考の要素を欠くことができない。対象的なもの、客観的なものの思考は論理学的でなければならぬ。かような論理学的思考の生産物を普通いわれるように思想と呼ぶならば、思想は文学にとって何等不必要なものではなく、むしろそのような思想の乏しさが我が国の従来の文学における欠点であった。そのために日本の文学には局部的な直観の深さや思考の細かさはあるにしても、西欧の文学に見られるような綜合、構成、外延に欠けていた。我が国の作家は思想に対して余りに甚だしい軽蔑、反感を懐いているのがつねであった。この点においていわゆるプロレタリア文学がイデオロギーの重要性を力説したことには意義があったといわねばならぬ。つぎつぎに現われる印象を何等の思考も加えないで綴り合わせることがリアリズムではない。個々の印象を概括し、統一し、普遍化し、かくして偶然的なものを除き、本質的なもの、必然的なものを引き出して来ることによって、現象を展望する客観性は得られる。芸術は具象性をもたねばならぬからといって、現象を無差別に描かねばならぬのでなく、却ってそれを整理し、その間の連関を認識し、統一して再現しなければならない。そこに論理学的に思考することが必要であろう。しかしながらその場合、論理学的な思考はただそれだけ独立に進行するのでなく、つねにレトリック的思考と結び附き、むしろこのものの一要素、一側面でなければならぬ。思想はこのようにして生きた思想となり、それ自身が或る直観性を得てくる。作家がイデオロギーを取り入れること、経済思想、社会思想、哲学思想等を勉強することは必要であり、我が国の作家にはもっと勧められてもよいことである。それらの理論は何よりも客観の整理に役立つであろう。けれども文学が何かそのような理論の応用という如きものであり得ないことは明かである。イデオロギーは作家においてレトリック的に思考され直さなければならぬ。これは単に理論を個別化し、特殊化するというのとは別のことである。イデオロギーは自己のパトスにおいて確かめられ、性格化され、内的に必然化されなければならない。そうすることによってイデオロギーは作家の眼を養うことができ、真の思想とも真のイデオロギーともなり得るのである。

イデオロギーとパトロギー

スタンダールは一生の間「イデオロジー」を信奉した。イデオローグに対する彼の尊敬は非常なものであった。先ずコンディヤック、次にエルヴェシウス、カバニス、トラシなどの名は彼の著作において無数の機会に讃辞を尽して挙げられている。エルヴェシウスは「私のために人間の二枚扉の戸を開いた人」であるといい、トラシについては「その書物によって私が最も感心した人、私に革命を喚び起した唯一の人」と書いている。スタンダールがかくも尊重したフランスのイデオロジーとは如何なる科学であったであろうか。「この科学は、もしひとがその対象にしか注意しないならば、イデオロジー（観念学）と称せられ得る、もしひとがその手段をしか顧慮しないならば、一般文法学と称せられ得る、そしてもしひとがその目的をしか考察しないならば、論理学と称せられ得る。それに如何なる名が与えられるにせよ、その名は必然的にこれら三つの部分を含む、蓋しひとはその一つの部分を、他の二つの部分を取扱うことなしに、合理的に取扱うことができないからである。」とトラシは定義的に述べている。イデオロジーというものの内容がこのように規定されるとすれば、それはつまり私のいうロゴス或いはロゴス的意識の科学にほかならないであろう。それは先ず一般文法学という意味で言葉（ロゴス）の学であり、それはまた論理学（ロジック）という意味でロゴスの学であり、そして更に根本的にそれは観念学という意味でロゴス（ギリシアの哲学者によると、ロゴスはすなわちエイドス、或いはイデーである）の学である。この場合イデーという語はなにも理想主義的な意味にとられることを要しない。私が花を見るとき、花の観念が与えられる、鳥を見るとき、鳥の観念が与えられる。見ることには見られたものがある、意識は何物かの意識である。意識の作用は対象を含んでいる。このように対象を含む、従って対象性もしくは客観性を有する意識を私はすべてロゴス的意識と呼ぶ。それには感性知覚の如きものから思惟に至るまでいろいろ種類と段階があるであろう。しかしそれらはおしなべて客体的な意識である。いわゆるイデオロギーとはかくの如き客体的な意識に関する科学であると解することができる。

尤もフランスの当時のイデオローグは単にいわゆる心理学の研究を企てたのではなかった。エルヴェシウスがその著書のひとつを『人間論』と名附けたように、イデオロジーはつまり人間学であった。そしてエルヴェシウスにとっては人間の研究は社会的革新を準備すべきものであって、人間学は政治学及び社会科学の予備の章を意味した。しかしその意図がどうであったにしても、彼等が「イデオローグ」であった限り、彼等は人間を単に客体的にしか捉え得なかったのである。彼等のイデオロジーは人間の主体的な意識をその主体性において理解することを知らなかった。このような主体的な意識を私はロゴスに対して一般にパトス或いはパトス的意識と称する。イデオローグにとってはパッション（パトス）はむしろ何か錯覚的なもの、リアリティをもたぬものであった。人間のパッションは悪い政治制度に、間違った社会形態に由来する附加物であり、従ってそれは政治的進歩によって消滅せらるべきもの、また消滅させられ得るもののように考えられた。ただトラシはこの点でいくらか例外をなしている。フランスの哲学においてかようなイデオローグに対してパッションの固有の意味を認めるに至ったのはメーヌ・ドゥ・ビランのアントロポロジー（人間学）であるといわれる。

しかしすでにスタンダールはすぐれた人間学者として、イデオロジーだけでなく、それにパッションの分析を附け加えなければならぬことを理解した。そしてそのことによって彼は単なるイデオローグでなく立派な小説家であり得たのである。スタンダールのパッションの分析は『恋愛論』において一応纏った形を与えられている。私はいつかこのたぐい稀なる書物について書いてみたいと思う。彼のために「人間の二枚扉の戸を開いた」エルヴェシウスも、パッション、殊に愛のパッションの根源性、そのリアリティを認めなかったという点で彼には堪え難い人であった。スタンダールはいう、エルヴェシウスは乾いた心臓、冷い心の人であった、彼は全く間違っていた、イデオロジーは一定の対象に適用されると粗暴なものになる。「悪いことは、このような人々が美術に、それについて理窟をいうことによって、喙を入れようとする場合であり、更により悪いことは、それを実地にやることによって、喙を入れようとする場合である」。芸術の問題は何よりもパトスの問題である。スタンダールもパッションと芸術とは同じ根のものであると考えた。

さしあたりひとは創作ということについて少しばかり考えてみるが宜い。天才という語と同じく、創造という語は現代には不向きであるように見える。この頃も或る人が私の文章を批評した際、私が創造という言葉を使ったことを非難するもののように、それは生産という言葉で置き換えるべきであると書いていた。しかしながら普通に文芸などにおいて創作といわれるものには何か創造的なところがあり、この面を除くことはできないと思う。作家が小説を作ることと工場で時計を生産することとの間には差異がある。後のものが客観的な過程であるのに反して、前のものに客観的なものに分解してしまうことのできないもの、客観的とは考えられない主観的なものを含んでいる。主観的といっても単なる気随でないことはもちろんである。また創作も人間的な活動として、神の創造の場合における如く何物も、何等の物質的なもの、何等の身体的なものも予想しない純粋な創造活動であり得ないことは言うまでもない。しかしその物質的乃至身体的なものが外的存在を意味するならば、創作というものは考えられないであろう。人間の意識は外部の存在を模写するとか反映するとかいわれている。けれども意識が単に外的存在を反映し模写するものである限り、その関係からは創作というものは出てこない筈である。しかも創作という活動も、如何なる意味においても身体或いは物質によって規定されない純粋な創作活動であり得ないとすれば、人間の創作活動の根柢には何か、外的物質、外的身体とは異る意味における内的な身体或いは物質があり、このものによってそれが裏から、内部から規定されていると考えられねばならない。意識に対して二重の超越が考えられる。外に向って意識を超越する外的存在によって意識の規定される関係が反映とか模写とかいわれるならば、内に向って意識を超越する内的身体によって意識の規定される関係は表現とか表出とか呼ばれることができる。内に向って意識を超越するものは客体とはいわれず、主体といわねばならぬ。意識において主体は映されるというよりも、主体が意識のうちににじみ出てくるのである。主体は外に見られるのでなく、いわゆる absconditus cordis homo（心臓のうちに隠された見えざる人間）である。この内的人間も人間として純粋な精神というようなものでなく、身体的でなければならぬ。このように内に向って意識を超越する主体によって規定される限りの意識がパトスである。パトスは主体を模写するとはいわれず、それを表出し表現する。創作の問題は根本においてこのようなパトスの問題である。

デカルトは『情念論』のなかでエスプリ・ザニモオ（動物精気）について述べている。彼によると、動物精気というのは血液の最も微細な、最も動き易い、最も熱した部分であって、心臓の熱気によって蒸溜されて生じ、他の部分とは違いこの部分だけは、非常に狭い路を通って脳髄の中へ入ることができる。動物精気は特に人間の情念（パッション）と関係をもっている。即ちデカルトによると、視覚、聴覚などの外的感覚や飢渇などの自然的衝動は身体の機関に関係するものであるが、喜び、悲しみ、愛、憎みなどという情念はどのような身体の機関にも関係なく、精神そのものの感動である。しかしこの精神の感動は精神みずからの能動作用にもとづいて起るのでなく、却って精神の受動状態であって、肉体ごとに動物精気の影響の結果であるというのである。情念は一方では視覚、聴覚、また飢渇などとは違って或る内的なものと見られている、それは精神の感動である。しかし情念は他方では純粋な精神活動ではなく、外的感覚や自然的衝動と同じく身体に依存するものと見られている。けれどもそれは後者のように身体の機関即ち或る外的身体に依存するのではなく、むしろいわば内的身体に依存するのである。情念がそれに依存するとせられ、眼や耳、胃腸などの身体の機関とは異る機能を有すると考えられた動物精気は、普通にいう身体即ち外的身体に対する内的身体の意味のものでなければならぬ。それをデカルトの如く血液の或る部分というように考えたのでは、結局それも外的身体の一部になってしまい、情念が外的感覚や自然衝動とは違って、身体に依存しながらなお或る内的なものであるという意味が失われるであろう。

かようにして人間は二重の意味において身体を有すると考えることができる。我々が喜び、悲しみ、愛、憎みなどさまざまの情念に動かされるということは、我々が外的身体とは異る内的身体を有するしるしである。人間の外的身体に個人によって強弱の別があるように、人間の内的身体にも個人によって強弱の別があるであろう。しかも両者の強弱は必ずしも平行し一致していない。いわゆるからだの弱い人にも動物精気のなかなか多い人があるのである。

およそ純粋性ということが問題になり、また問題にされねばならないような人間的活動の領域においては特に、その人の動物精気の量が問題になるのではないかと思う。文学や哲学などにおいては純粋性ということが問題になる。諸科学の場合には固有な意味での純粋性の問題は存しない。文学や哲学などの領域における活動は内的身体の問題であるように考えられる。純粋なものの問題は動物精気の問題であり、従ってなんら精神の問題でなくて身体の問題であり、しかも形ある身体ではなくて形なき身体の問題である。こういうものに根差している故に純粋性が問題になるのだと考えられると共に、そういうものの中からだこそ純粋といわれるものも生じ得ると考えられるのである。内的身体は形なきものとして、外的身体よりも質料的、より物質的である。愛や憎みは盲目であるといわれる。しかしそのような情念も、それが依存するところの動物精気に比してはなお光あるものであろう。ゲーテは天才の活動のうちにデモーニッシュなものを見たが、デモーニッシュなものというのは動物精気のことであろう。ギリシア人の考え方とは反対に、形あるもの、イデア的なものよりも、質料的なもの、物質的なものがより原理的なものである。形ある身体よりも動物精気はより物質的なものである。このものの根源の上にイデア的なもの、即ち文学における表現、哲学における思惟は生れる。文は人なりといわれているが、文は動物精気であるといわねばならぬであろう。ただ感性的なもの、身体的なものの基礎の上にあるもののみが、このものの物質的な圧力を通して、人間に訴えること、迫ること、人間を捉えることができる。しかし多量なエスプリ・ザニモオを感じさせるような人間にも、書物にも、そうたびたび出会うものではない。「人間的な、あまりに人間的な」のが歎かれるのである。

ニーチェは情熱の心理学について無経験で無知なドイツ人に対して、スタンダールを称揚している。このニーチェは一生の間ソクラテスと格闘した。このいわば世界史的な格闘の意味はどこにあったであろうか。ソクラテスはロゴスの力を混り物のない純粋さ、明瞭さにおいて現わした人である。それに対抗してニーチェはパトスの根源性と高さとを主張した。ソクラテスはなかにも倫理をロゴスと結び附けた。それとは反対にニーチェは倫理上の諸概念をパトスから導いてくる。ニーチェはその反キリスト的な口吻にも拘らずキリストとは格闘しはしなかった。彼はむしろキリストに対して嫉妬を感じたのである。思想上においてロゴスの高い価値を発見したのがギリシア人であったとすれば、パトスの深い意味を見出したのはキリスト教である。パトスは主体的な意識であるが、その主体性を掘り下げたのは、ニーチェと相通ずる魂を有したキェルケゴールであったであろう。キェルケゴールは主体性をもって人間の倫理的実存と考え、そして倫理とパトスとを結び附けた。かくの如きことはわが国でも近来問題になっている文学における倫理の問題にとって無関係ではない筈である。倫理をロゴスと結び附ける、従ってそれを理性の問題と見る、これまで普通の、そして自明のこととされている見方では、倫理の問題それ自体が根本的に失われてしまいはしないかということは姑らく措くとしても、そのような見方から少くとも文学に関する限り倫理の問題は考えられないであろう。倫理の問題がパトスの問題であるところに文学と倫理との内面的な関連もあり得るのである。

さて私の意見によると、人間の意識はロゴスとパトスという相反する方向のものから弁証法的に構成されていると考えられねばならぬ。一方は客体的な意識であり、他方は主体的な意識である。そしてロゴス的意識にいろいろな種類と段階があるように、パトス的意識にもさまざまの種類と段階が区別されるであろう。ロゴス的意識が、感性知覚の如きものから思惟の方向に次第に高まるに従って、その対象性或いは客観性を次第に増してゆくのとは反対に、パトス的意識は、主体的方向に次第に深まるに従って、その対象を失い、次第に無対象になってゆくと考えることができる。そこに両者の対立が最も明瞭に現われる。一定の対象、従って一定の表象に結び附いているようなパトスはなお浅薄だといえる。深いパトスはむしろ対象を含まないものであり、かような無対象なパトスとして、たとえばあの運命の意識、原罪の意識などは解釈さるべきものである。我々が普通に意識といっているのはすべて何物かの意識であり、従って対象を含む意識であるとすれば、かような無対象なパトスは意識とは見られず、むしろ意識下のもの、いわゆる無意識と考えられるであろう。かような無対象なパトスに表現を与えるものが芸術である。またそのように表現を求めるところにパトスの主体性があるともいえる。かような意味において、ペーターが『ルネサンス』のなかでいった如く、「すべての芸術は絶えず音楽の状態に向って憧れる。」All art constantly aspires towards the condition of music. とも見られるであろう。そしてこの頃の文学の或るものが、意識の上層建築の無意識の土台を顕わにしようとするフロイトの精神分析学に結び附こうとしているのも、偶然ではないであろう。ただしかしフロイト流の考え方でパトスの問題が十分に解かれ得るかどうか疑問であり、また人間の意識においては単にパトスでなく、パトスとロゴスとの弁証法的構成が問題であることを忘れてはならぬ。文学においてパトスの表現が可能であるのも、我々の意識においてパトスとロゴスが弁証法的に構成されており、そこに知性がはたらき得るからでなければならない。

人間の意識はロゴスとパトスとの二つの方面を有するとすれば、意識の研究は単にイデオロギーにとどまらず、また特にパトスの研究、即ちパトロギーでなければならない。文学をイデオロギーの問題として論じることは今日の流行になっている。そのために創作態度の上でも観念、思想、客観的なものへの偏向、主体的なもの、パトス的なものの無視が生じ、作家が小説家でなくイデオローグであるというようなことがあってはならない。客体がその客観性において自己を顕わにする場面がロゴスであるとすれば、主体がその主体性において自己を顕わにする場面はパトスである。文学の問題は単にイデオロギーの問題でなく、また特にパトロギーの問題である。文学をイデオロギーと見る見方の限界がはっきり理解されねばならぬ。もちろん文学にイデオロギー的方面のあることを決して軽んずべきではない。しかしながら従来の哲学、心理学などにおいて少数の例外はあるにしても十分に、また正しい方向に理解されていなかったパトスの研究即ちパトロギーの重要性が認識されなければならない。今日文学をひとつのイデオロギーと見ようという動機のうちに含まれる問題そのものも実はパトロギーの方面から解決を与えられるのではないかと思う。現今用いられているような意味におけるイデオロギーという言葉の特殊な性質は、それがパトスによって規定されているというところにあるであろう。

歴史的意識と神話的意識

一

アンドレ・モーロワは『ポール・ヴァレリイの方法序説』という書物の中で、ヴァレリイとデカルトを対照的に取扱っている。デカルトがあらゆる努力をもって「確実性」を求めたように、ヴァレリイはあらゆる用意をもって「厳格性」を求めた。前者が先ずすべてのものを疑ったように、後者は先ずすべてのものを払い退ける。我々は何を知っているか、とヴァレリイは尋ねる。そして形而上学、歴史、科学、常識など、何ひとつとして争われないもののないことが明かになる。黒板の上に書かれていたすべてのものは払い落される、一切はいわゆるタブラ・ラザ（白紙）となる。今やこの上に何を書き附けようとするのであるか。というのは、そこに「或る物」が存在するからである。人間は思考する、時には彼等の思想及び行為を一致させる。人間社会は生き、そして持続している。ひとはそこに秩序を建てる材料を見出す。その材料は何であるか。ヴァレリイは、コンヴェンション或いはフィクションがそれだ、と我々に答えるであろう、とモーロワは述べている。コンヴェンションとは何をいうのであるか。それは一人もしくは多数の人間によって承認された規則にほかならない。例えば私が諸君の前で講義するとき、この一時間のあいだ私が話しそして諸君が聴くように我々の間で一致している。この一致がこの室における秩序を建てるのである。我々は他のコンヴェンションを承認することもできるであろう、諸君が合唱団で歌いそして私が聴くということもあろう。このコンヴェンションはひとつの他の秩序を建てたであろう。かようなコンヴェンションは絶対的なものでなく、フィクションである。しかるに人間社会にとって固有なことは、それがかようなフィクションによってでなければ存在し得ないということである。人間社会に於ては本能はコンヴェンションによって征服される。社会が文明に向う運動は象徴や記号の支配に向っての運動であるとヴァレリイは考える。あらゆる社会はコンヴェンションのうち第一のもの、最も重要なものである言語の上に、文字の上に、習慣の上に横たわっている。我々は帽子をとる、我々は拍手をする、我々は銭を払いまた受取る。これらの行為はいずれも無数の古いフィクションを前提している。永い歴史を有する国民の生活は、彼等の銘々がもはやその起原を知らない、従ってその擬制的性質を認識しない、数多くの関係の糸で織られている。

コンヴェンションは秩序を建てる。そしてこの秩序のうちにおいて精神の自由は可能になる。秩序の創造者、自由の母、それはこのようなものである。しかるにそれはやがて自己の形成した秩序や自由によって脅かされる。批判的精神は大きくなり、コンヴェンションを破壊する。けれどもそうすることによって人間は不幸になり、やがて新たにコンヴェンションを欲するようになる。かようにして人間にとって最も必要なものは彼等の創造物のうち最も肆意的なものであるということができる。モーロワによると、ヴァレリイはその青年期にすべてを白紙にしたが、その成熟期において以前遠ざけられたコンヴェンションを再建した。しかし彼はそれを絶対的真理としてではなくどこまでもコンヴェンションとして再建したのである。この点においてヴァレリイの態度は、コンヴェンションを超越的真理であるかのように尊重するブールジェとも、またコンヴェンションに対して敵対的な、不信的な態度を持するジイドとも違って、オリジナルなものに思われる、と彼はいっている。

このようなコンヴェンションの思想は、あのホッブスなどの社会契約説に比して、或いは現代におけるファイヒンゲルの「アルス・オップ」（かのように）の哲学即ち擬制の説に比して、広くまた深いもののように思われる。それをベルグソンの哲学に比較して考察することも興味のあることであろう。先ずそのようなコンヴェンションの思想はホッブス流の合理主義或いはファイヒンゲル流の実用主義の基礎の上に立つことができない。もちろんもし人間がただ本能的であって知性を有しなかったならば、コンヴェンションというものは作られないであろう。その限りコンヴェンションは主知的なものである。人間が本能から解放され、知性の自由を得ることによって初めて、コンヴェンションは作られるのである。しかしそれは単に知的産物でなくて、その底にはつねにパトス的意識があり、このものがそれを支えている。それは知性の自由な産物であるにしても、それがまさにコンヴェンションとして妥当するのはパトス的意識と結び附くからである。知性はベルグソンのいった如く実用主義的なものであろう。コンヴェンションはまことに実用性を有するにしても、ただそれだけではなく、モーロワの語を借りると「アンシャントマン」（魔術）である。「文明の最も堅固な支持物、それはアンシャントマンの建物である。」コンヴェンションを支えているパトス的意識は或る神話的意識である。それだからコンヴェンションは神話（ミト）とも言い換えられる。コンヴェンションは根源的な意味における神話的意味を含んでいる。人と人との結合の根柢はパトス的結合であるが、かようなパトス的意識は神話的意識として外においてコンヴェンションを作るのである。「あらゆる社会はアンシャントマンの建物である」。コンヴェンションなしに社会は存立し得ない。そしてかようにして社会的意識が或る神話的意識を含むと同様に、神話的意識は歴史的意識というものの重要な要素をなしている。

二

歴史は時と共に流れる。そこでは何物ももとのままに止まらない。一切は変化し、時の鋳は深く喰い入っている。万物は流れるとヘラクレイトスはいったが、このような事物の流転の意識が歴史の意識である。しかしながら一切がただ流れ去るもの、単に生成し推移するものであって、何物も留まるものがないとしたならば、歴史というものはないであろう。過去のものが現在に伝わるということがあればこそ歴史はある。伝統は歴史の重要な契機である。歴史は昔から今に伝わる。伝統の意識は歴史的意識の一面をなし、歴史家は伝統主義者乃至保守主義者になり易い傾向をもっている。伝統というと時間によって神聖にされたものと考えられるように、その根柢になにか神話的意識がないならば伝統はその固有の意義を有し難いであろう。かようにして歴史的意識は先ず伝統の意識として神話的意識を含んでいる。伝統というものの多くはもとコンヴェンションである。ただそれにはつねに時間と歴史の意識が結び附いている。伝統はコンヴェンションとして人間の自由な生産物である。しかるにあの浪漫主義の有機体説的歴史観において見られる如く、歴史的意識は伝統の意識として、伝統的なものを何等か自然的なもの、一民族のうちにおける自然生的なものと看做し、まさにかように自然生的なものである故に価値を有するかのように考える傾向がある。これに対して歴史的意識は伝統をいわば単に伝統としてでなくむしろコンヴェンションもしくは約束として、或いは何等か自然的なものとしてでなく却って人間の生産物として観察することが必要であろう、そしてそれをその起原と変化とにおいて明かにしなければならぬ。そのことはおのずから批判的意義を有するであろう。批判はこの場合任意の規準を持ち出して量ることでなく、事物をその起原と変化とにおいて明かにすることがやがてその限界を明かにすることになり、批判的意義を有することになるのである。歴史的意識は伝統の意識であると共に批判の精神である。かようなものとしてそれは神話的意識に対して破壊的にはたらくであろう。従って歴史的意識は神話を建てるものであると共に神話を毀すものであるということができる。しかしながら伝統の意識が伝統を何等か自然的なものと見ることも、理由のないことではない。伝統の意識は本来主体的に規定されたパトス的意識であり、そして主体は根源的に自然的なものの意味を含んでいる。いな、固有の意味で伝統と考えられるものは、人間の生産物のうち知性にもとづくよりもむしろ主としてパトスにもとづくものである。

尤もあらゆる伝統的なものがすぐれた意味で歴史的と考えられるのではないであろう。歴史家にしても過去から伝わる無数の事実のうち語るに足り記すに足りるものを選択する。民衆にとっては特にそうである。歴史的なものはすべて伝統的なものであるとすれば、すぐれた意味で歴史的と考えられるのは大いなる伝統である。民衆の間で歴史的なものとして生きているのは、英雄とか偉人とか、何か偉大なものである。この意味において歴史と考えられるものがミュトス化（神話化）されたものであることは明かである。伝統と神話的意識との結合はここにおいて更に高昇する。一般に伝統といわれるものにおいて顕わでないミュトス化はこの場合顕わになる。かようにして「伝統」は特に「伝説」となる。伝説は歴史的伝承の最も生命的な形態である。一般の伝統においてはその根柢にあってその妥当性を支えているに過ぎぬ神話的意識は、伝説においてはこのものの構造にまで作用する。ロゴスの組織作用に対してパトスの根本的な作用は結晶作用である。伝説はこの結晶作用を通じて形作られるのである。歴史は英雄の歴史として存在することを容易にやめるものではない。科学的な歴史家はもとよりそこに止まることなく、英雄と共に大衆を、傑作と共に凡庸の作品を研究しなければならぬ。大衆の動きを認識しなければ英雄の活動の意義も把握されないであろうし、凡庸の作品を研究しなければ傑作が社会的に如何に準備され、如何に影響したかを知ることもできないであろう。しかしそれにも拘らず歴史家にしても神話的意識を全く脱し得るものではないであろう。例えば文学史の研究において傑作が中心をなすということは種々理由のあることであろうが、その場合にしても歴史家は一々の作品をすべて自分で批評した後はじめて、どれが傑作であるかを定めるとは信じられず、コンヴェンションに、それ故に神話に従っていることが少くないであろう。かようなコンヴェンションが過去の歴史についても、それが社会的に生きているものである限り、秩序を与えている。過去の歴史のうちに秩序を建てるものもコンヴェンションである。

もとより伝統もまた変化し、一定の期間伝わっていたものもすたれて、その後には伝わらなくなるということがある。しかるに他方、従来忘却の海の中に沈んでいたもの或いは殆ど顧みられなかったものが新しい力をもって再生するのが見られるであろう。再生或いは復興ということは歴史のひとつの重要な方面をなしている。ひとはヨーロッパの歴史におけるあの華かな一時期をルネサンスと呼んでいるが、そのとき久しい間彼等の墓の中で眠っていたローマ人やギリシア人は喚び醒された。生きた歴史の発展が要求するに従って、死んでいた歴史は再び蘇り、過去の歴史は現在となる。復興ということは単にあの文芸復興期を特徴附けるに止まらず、あらゆる歴史の本質的な一面である。もしルネサンス即ち再生或いは復興ということがないとしたならば、歴史というものもないであろう。次から次へ生起する事象がただ過ぎ去ってしまい、何物も若返り、再生することがないとしたならば、もと歴史というものはあり得ない。歴史的意識のうちには復興の意識が含まれている。

ところで復興の端初は現在にある。復興とは単に繰返すことではない。繰返すというとき、端初は過去にある。ひとは昔から今へと繰返すのである。しかるに復興とは手繰り寄せることである。手繰り寄せるというとき、端緒は自分の手先に、従って現在にある。普通に歴史は昔に始まり今に至るといわれ、従って歴史の端初は過去にあると考えられている。しかしながら生きた歴史の端初は却って現在にあるのであって、そこから手繰り寄せられることによって過去の歴史も生きたものになる。さきほど我が国でいわれたヘーゲル復興にしても、現在の歴史を端緒としてマルクスを手繰り寄せ、これを通じてヘーゲルを手繰り寄せたということがあったであろう。また現代におけるプラトン研究の興起にしても、カント哲学復興の刺戟に俟ち、人々はカントを通じてプラトンを手繰り寄せたのである。今日また我が国では文芸復興ということがいわれると共に種々の古典の復興が見られるが、この場合にも同様の関係があるであろう。かようにして歴史的意識は単に過去の意識でなく、根源的に現在の意識によって規定されている。同じことは歴史が教訓と考えられる場合においても認められるであろう。東洋では歴史は「かがみ」と呼ばれてきた。過去の歴史から学ぶということが単にそれを繰返すことでなく、手繰り寄せることであるのは明かである。

三

かようにして歴史的なものは過ぎ去ったものでなく、今なお生き、はたらくものである。歴史は現在の意識によって支えられている。そして神話的意識はあたかも現在の意識から生れる。我々は神話的意識の根源をパトス的意識のうちに見出す。これに対するロゴス的意識は対象的な意識であり、その対象性は「既に」という性格によって規定されている。対象とは、我々が何を始めるにせよ、つねに既にそこにあるものである。それは現にあるものであるが、この「現に」ということは「既に」という意味を離れず、従って或る過去性をもっている。パトス的意識が真の現在の意識である。それは対象的なものでなくて主体的なものの意識である。歴史的なものがさまざまに神話的意識によって担われているということは、歴史がその底においてある場所が現在であることを示している。学者はしばしばロゴスとミュトスという語を対立させて用いているがその場合ロゴスは理性的なもの、ミュトスは歴史的なものをいうのである。

もちろん、そこに伝わるという方面、それ故に過去から流れる時間を考えなければ、歴史は考えられないであろう。しかし上に述べた如く歴史にはまた手繰り寄せるという方面がなければならない。前の場合には現在は過去からの歴史の終である。後の意味においては現在は歴史の始である。従って歴史の始と終とは一致すると考えられる。そしてアルクマイオンのいった如く、「その始を終と結び附ける」ものとして、歴史は生命的なものである。後の意味における時間は、前の場合のように過去から未来へ向って流れる時間ではなく、未来から流れて来る時間と考えられねばならぬであろう。このいわば二つの方向の時間の相接するところが歴史の現在である。むしろ真の現在はかような二つの時間を包むものである。かようなものとして現在は永遠の意味をもっている。それは時間を包むのみでなく、時間はそれから生れるのである。ミュトスはここに根差している。歴史的なものについてこそ、"Alles Vergängliche ist nur ein Gleichnis." といい得るであろう。時間そのものがミュトス的なものであり、ミュトスの原始形態とも考えられるであろう。

パトス的なものは主体的なものであり、行為的なものである。人間の現実の行為は対象界において行われ、これによって規定されるが、単なる客体の運動は行為と考えることができない。歴史的行為は主体的に規定され、従って表現の意味を含んでいる。コンヴェンションにしても単に知的なものではなく、表現的なところがある。ただコンヴェンションは有用性に囚われ、インテレストと結び附いている。インテレストというのは人間が世界のうちにある interesse ということの存在的・存在論的規定である。即ちインテレストにもとづくコンヴェンションにおいては主体は客体のうちに縛られ、埋れている。コンヴェンショナルな行為はかようなものとして、現在の行為であってもつねに既に過去性を負うている。コンヴェンションは如何なる時にあるにしてもベルグソンのいう「流れた時間」のうちにある。真の現在はコンヴェンションに先立つ現実である。我々は如何にしてこのような現実に達し得るであろうか。この間にヴァレリイは、プルーストと同じように、芸術作品によってであると答えると信ずる、とモーロワはいっている。まことに芸術上の創作はそのようなものであろう。それにしても人間的創造はあらゆるミュトス的意識を離れ得るであろうか。芸術家の創造はインスピレーションにもとづくといわれるが、インスピレーションとはそれにおいてミュトスが孕まれることをいうのではなかろうか。ミュトス的意識は主体的な意識であるが、パトスがミュトス的になるということは主体的なものの客観的なものへの堪え難い欲求を現わすものである。かような欲求の現われとしてミュトスは表現的なものの根源形態である。その協力なしには芸術作品はないといわれるデモンとはかようにミュトス的になったパトスのことであろう。もとよりインスピレーションだけで芸術が出来ないのは、趣味だけで芸術が出来ないのと同様である。芸術家は何よりも作る者であり、作ることにおいて自己を証する者である。作るためには物体的なもの、たとえば詩においては語を操ることを知らねばならぬ、しかるに物体的な材料はそれ自身の固有の力をもっている。ひとは感情によって詩を作るのでなく、語によって詩を作るのである。ヴァレリイは、詩人は職人のようでなければならず、自覚的な、方法的な職人でなければならない、と力説している。「詩は知性の祝祭でなければならぬ。」とはヴァレリイのよく知られた言葉である。職人気質なしには詩的天才もない。しかし芸術家と職人との間には本質的な差異がある。職人は彼の頭の中に予め存在するイデーに従って仕事をする。従って彼の製作は対象的製作である。しかるに芸術家の仕事は、純粋であればあるほど、無からの創造である。彼のイデーは作ることのうちにおいて生れてくるのである。「あらゆる思想の端には溜息がある」といわれる如く、イデーはこの場合パトスに活かされたものである。インスピレーションは詩その他の芸術において深く隠されているにしても存在する。いな、あらゆる歴史的行為はミュトスから始まるといわれ得るであろう。そしてそれは行為の主体というものが根源的に自然的なものの意味を含むことを示している。

人間の行為は、どれほど内的に考えるにしても、つねに身体的である。そしてそれはまた人間の行為の根本的な受動性を意味するものである。身体はもとより単に受動的でないにしても、受動性の原理であることを離れるものではない。人間の行為にはその原理が自分のうちにあると共に自分のうちにないというところがある。歴史は我々の作るものであると共に我々にとって作られるものであるという意味をもっている。その運動の原理を自分のうちに有するものはアリストテレスがいった意味での自然、即ち植物の如きものであって、かように考えられる植物の生長の過程と人間の行為とが異るのは、人間の行為にとってその原理は自分のうちにあると共にまた自分のうちにないというところがあるためである。創造的なミュトスもパッシオ即ちかような根源的な受動性から生れるものである。

危機意識の哲学的解明

一

思想の危機に際して問題になるのは思想の性格である。思想がその性格において問題にされるということが思想の危機の時代のひとつの特徴である。思想の性格の概念は思想の価値の概念から区別されるであろう。思想の価値を表わすものとして普通に真理、それに関係して虚偽という言葉が用いられる。価値の見地から見ると、或る思想について問題になるのはただ、真であるか偽であるかということである。しかるに思想の危機の時代においては一定の思想について何よりもその真偽が問題にされるのでなく、むしろ主としてその思想が善いか悪いか、穏健か危険か、進歩的か反動的か、等々が問題にされる。すべてこの種の言葉は思想の性格を表わすものと見ることができる。思想の価値判断よりも性格批判ともいうべきものが特にこの時代においては問題になるのである。ここに危機意識のひとつの性質が現われる。

思想の性格を作り出すものは思想の効果であると考えられるであろう。それは思想そのものに内在する性質ではなくて、思想の外部に対する影響の仕方を現わすものと見られるであろう。確かにそのような方面がある。しかしそのとき思想の外なるものというのは精密には何を指すであろうか。思想の外部にあるものというと、普通の存在が、客体が、対象が考えられる。けれどもそれがただ単に存在、客体、対象の意味であれば、それとの関係において思想が特に性格という如きものを得ると考えることは困難であろう。客体との関係において顕わになるのはむしろ思想の真偽即ち価値であると考えられるからである。クラシカルな定義によると、真理というのは物（客体、対象）と観念との一致――adaequatio rei et intellectus――である。思想の客観的効果として現われるものは究極においてその真偽でなければならぬ。思想の性格から区別される限りにおける思想の価値はこのような客体的真理或いは対象的真理を意味している。私はいまこれを存在的真理ontische Wahrheit という言葉で術語的に規定しようと思う。ところでそのような客体的価値から区別される限りにおける思想の性格は根本においてその主体的意味にかかわるのでなければならない。即ち根源的には客体でなく主体に対する、従って私の『歴史哲学』における言葉を用いると、「存在」でなく「事実」に対する関係において、思想の性格は作り出されるのである。思想の性格は自然に対する関係においてでなく、人間、階級、社会等に対する関係において思想に賦与されるといわれる。このとき自然は単に客体と見られ、人間、階級、社会等は単に客体としてでなく主体として理解されているのである。思想の外にあるものが単に客体として外部でなく、却って主体として内部であるのでなければ、それとの関係において思想が一定の性格を得てくることはできないであろう。思想の性格は思想の単なる外的性質ではない。自己の外なるものに対する効果として担わされる思想の性格がその外的性格でなくて内的性格であると考えられるのは、この外なるものがもと内なるものであるためである。思想の性格は内的な意味賦与によって生ずる。しかしこの内なるものは実は真に外なるものであるともいわれ得るであろう。主体と称するものは意識と同じでない。私のいう事実は意識よりも更に内なるもの、従って真に外なるものである。意識は客体と主体との双方に対して極限の意味をもっている。対象的価値から区別される主体的意味としての思想の性格はその単なる心理的効果をいうのではない。主体は内において意識を超越する。いわゆる心理は主体的意味のインデックスと見らるべきものであろう。思想の性格を表わすために用いられる言葉がすべて何等か主体的な表現であるということが右の事情をおのずから示している。しかし思想の外なるものはどこまでも存在或いは客体であり、これとの関係において思想が一定の性格を得てくるのは、この存在或いは客体が固定し静止するものでなく運動し変化するものであるためであると考えられるであろう。しかるにもしその運動し変化するものが単に客体の意味のものであるとしたならば、これとの関係において顕わになるのはまたどこまでも思想の価値即ちその真偽であって、性格という如きものであることはできないであろう。歴史は変化する、これを変化するものと見る思想は進歩的であり、反対にこれを変化しないものと考える思想は反動的であるといわれる。その場合もし歴史というものが単に客体的なものであるとしたならば、一方は対象に一致する思想として明かに真であり、他方は対象に一致しない思想として疑いもなく偽であり、従って進歩的及び反動的という思想の性格はその実質において思想の価値にほかならぬことになるであろう。それだから思想についてその性格がその価値とは異る独自の意味で語られる限り、そのような変化し運動するものは単に客体的なものでなく、却って主体の意味を有するのでなければならぬ。或いは思想の性格はその実践的意味を表わすといわれるであろう。しかしながらもし実践というものが単に客体的に考えられるならば、実践によって明かになるのはまさに思想の対象的真理性即ちその価値である。思想の性格はその実践的意味であるにしても、このとき実践というものは主体的なものとして理解されるのでなければならない。

思想の危機の時代には思想はその価値においてよりもその性格において問題にされる。しかるにちょうどこの事情のために、またこの時代ほど無性格な思想の横行することもないのである。かように甚だしく無性格な思想が跋扈するというのは、そこではあらゆる思想が性格的なものとして受取られる傾向の遍在しているためである。無性格な思想というのは主体的真実性のない思想である、確信を欠く思想である、運命的でない思想である。無性格な思想というのはただ他人に対する効果をのみあてこんだ思想である。他人における主体的効果でなく、単なる心理的効果をあてこんだ思想である。そのような思想はその心理的効果によって他人を面白がらせ、景気附け、饒舌にするにしても、主体的効果を欠く故に、彼等を実践に駆り、或いは彼等において彼等自身の思想の生産を促すことはできない。自己自身にとって主体的真実性を有する思想のみが他人において主体的効果を現わすことができる。単なる心理的効果と真の主体的効果とは区別されねばならぬ。思想は外部に対する効果によってはじめて性格を得るのではなく、主体的真実性を有する思想は内においてそれ自身既に性格を具えているのである。そしてかようにそれ自身に性格を有する思想はまたおのずから他に対して主体的にはたらきかけ、そのことを通じて自己自身の性格を現実化する。単に内的な性格というものはあり得ない、そのはたらきの全歴史においてはじめて性格は現実的に認識され得るのである。尤も主体的真実性のない無性格な思想も、客観的価値の見地においてはそれ自身真理であるということもあり得るであろう。そのような思想もなお存在的真理であることが可能である。ここにおいて存在的真理の概念に対して先ず主体的な意味における真実性の概念が区別されねばならぬであろう。思想の性格は対象的な意味における真理性 Wahrheit によって規定されるというよりも寧ろ主体的な意味における真実性 Wahrhaftigkeit によって形作られる。しかるにそのような真実性は、実をいうと、より根本的な事実的真理もしくは存在論的真理 ontologische Wahrheit の主観的な、即ち意識における規定を現わすのである。ちょうど存在的真理の主観的な、従ってロゴス的な面を現わすものとして、存在的真理即ち普通にいう真理の概念から区別されて正しさ Richtigkeit の概念が規定されるのと同様である。そのような正しさとまことと或いはほんと即ち主体的真実性とは同じでない。或ることを正しく知るということとそれがほんとに分るということとは別である。一方は客体的な関係を、他方は主体的な関係を意味するであろう。いずれにしても正しさ及びまことは認識の内在的な面を表わしている。これに対して存在的真理及び存在論的真理の概念は認識の超越的関係を指すものと理解しなければならぬ。他の場合に論じた如く、意識に対して二重の超越が、一面では客体的に「存在」が、他面では主体的に「事実」が考えられるに相応して、二重の意味における真理の概念が与えられる。超越的なものへの関係を離れて真理はない。正しさが存在的真理の内在的インデックスであるように、まことは事実的真理の主観的インデックスである。真実性はもとより心理的なものでありながら単に心理的なものと考えられないのは、それが超越的な事実的真理のインデックスにほかならぬためである。意識は外において存在によって規定されるのみでなく、内において事実によって規定されている。正しいと知っただけではなお行為的に動かされない、ほんとに分ったときはじめて主体的にはたらきかけられ、かようにして実践に促され、或いは自己において自己自身の思想を孕まされるのである。

そこでまた理論の概念と思想の概念とが区別されるであろう。そして思想の危機というように、危機の時代において問題にされるのは特に思想であり、理論も思想として問題にされるというのがこの時代の特徴である。かように思想と理論とを区別するとき、理論は主として存在的真理に、これに反して思想は主として存在論的真理に関係すると見ることができる。それに応じて理論は性格と特に関係のないものであり、しかるに思想は本来性格的なものである。そのような意味で自然科学は高い程度において理論的であり、社会科学、哲学へとのぼるに従って、より思想的になるといわれるであろう。尤も思想の危機の時代においては自然科学の如きもいわゆる思想問題のうちに引入れられる。蓋し如何なる理論も何等かの程度で思想的要素を含んでいる。思想的要素は理論の主体的制約を現わすものであり、従って理論のイデオロギー的性質を現わすものにほかならない。イデオロギーという語は、厳密に考えると、理論が単に客体的にでなく、却って同時に主体的に制約されていることを意味しなければならぬであろう。理論はイデオロギー的である限り性格的である。思想の危機の時代においては芸術、哲学等はもとより科学の如きもイデオロギーとして問題にされるのである。我々の思想はただ単に客体的に規定されると考えることはできない。もし絶対にそうであるとしたならば、例えば一定の階級に属しない人間がこの階級の思想を獲得し、生産しさえするということは不可能でなければならぬであろう。

それが可能であるのは人間の哲学的な根本的規定として、彼において主体と客体との分裂があり、従って自己自身において客体から主体への超越があるからでなければならない。このような超越はおよそ認識の可能になるための条件である。それによって我々は存在を対象化し、これをその客観性において知ることができる。即ちそれは対象的知識、存在的認識、従って理論的認識の条件である。それのみでなく、それは存在論的認識の条件でもある。そのことのあるために我々の思想は単に時代に束縛されないで時代を超越し、時代に先駆するということも可能である。存在的認識と存在論的認識との概念上における相違は、後者のこのような先駆性――その論理的意味では予料性――において認められ得るであろう。思想は思想として何等か先駆性を含むことが要求されているともいわれるであろう。そこからあのマックス・ウェーベルなどのいう予言者的哲学の理念も理解することができる。思想は主体的に規定されるものであるところに、それが文芸などと同じように創作的であるということも生ずるのである。客体的存在の模写という方面からは創作というものは考えられない。ところで思想の危機の時代においては、後に示されるような事情のもとに、思想の先駆性に対する要求が顕著になり、その結果としてユートピアの如きものも生産されることになる。これがまた危機の時代における思想のひとつの特徴である。

しかしながら存在論的認識の主観的性質を脱することの困難が注意されねばならぬ。従ってそれはつねに存在的認識に媒介されて客観的になることを要求されている。これは哲学などの如き特に思想といわれる種類の認識にとって格別に必要であって、哲学的認識は存在的認識と存在論的認識との弁証法的統一でなければならぬ。もと存在と思想という如き二つのものが弁証法的関係に立つとは考え難いであろう。弁証法的な関係において運動するのはむしろ存在的認識と存在論的認識とである。しかもこのような弁証法は私のいう存在と事実との弁証法、客体と主体との弁証法を認めてその根柢においてはじめて考えられることができる。他の場合に述べたように、人間は主体と客体との弁証法的統一である。人間は単に主体でなく、同時に客体的存在の秩序に属している、そして主体は客体によって規定される方面がある。そこで認識の主体的条件、従ってまた存在論的真理或いは主体的真実性は、人間の客体的条件によって決定されるということがあるであろう。それだから一定の時代において、その客観的社会的条件に従って、或る階級は認識の主体であり得るのに反し、他の階級はそうでないということも生じ得る。ところでこのようにいわれる場合の主体は単に主体的なものでなく、却って主体的・客体的なものである。この意味における主体を我々は第二次の主体の概念と名附け得るであろう。第一次の主体の概念が、いわば単純に主体を意味するのに対し、これは却って主体的・客体的なものである。例えば自然に対して人間が主体といわれる場合、かような主体が理解されている。この意味の主体もすでに主体的・客体的といわれる以上、主体と客体との対立を予想している。両者が単純に同一もしくは合一であるならば、それが認識の主体であることもできないであろう。自己における客体から主体への超越が認識の条件である。そのとき主体的・客体的なものが客体としてでなく主体として捉えられるのである限り、主体と客体との関係において主体の優位が認められるのでなければならぬ。これは主体を、嘗て論じた如く、存在の根拠ともいうべき事実と考えることによって可能である。しかるにかような主体的・客体的なものとしての主体が固有の意味における実践の主体であるであろう。ここにおいて我々は行 Tat というものと実践 praxis というものとを区別しなければならない。主体は事実即ち行的なもの Tat-sache である。実践的主体は主体的・客体的なものという意味の主体として客体に対する主体を、そして主体の優位を予想するのであるから、その限り行は実践の根柢である。しかし行的はなお実践的ではない。実践には必ず客体的意味が加わり、実践的なものは主体的・客体的なものでなければならぬ。それだからといって実践的主体は主体と客体との同一もしくは合一であるのではない。私はあの主客合一の立場において主体と客体を問題にしているのではない。主客合一というものはいわゆる自覚の形式において考えられる。即ち自覚においてはわれがわれを省み、かように省みられたわれ（客）と省みるわれ（主）とが共にわれとして同一であるということがある。かような自覚の形式において物を考えるならば、観念論が帰結するであろう。私はその意味における自覚の形式を世界形式にまで高めまた拡げるところの観念論の立場に同意することができない。実践においてはその意味の自覚におけるのとは反対に、私のいう二重の超越が明かになる。実践的主体は主体・客体の弁証法的なものであろう。それだから実践は認識と内面的につながり、存在的認識と存在論的認識との弁証法は実践を通じて現実的になると考えられねばならぬ。

思想の危機の時代には思想は主として性格において問題にされる。そこでひとは或る思想について客観的に真であるか否かを吟味することなく、ただその性格をのみ論議するようになる。そしてまたかような事情においては上に述べた如くひとは無性格な思想を撒き散らして恥じることを知らない。ひとは自己の思想の主体的真実性について顧みることをしないにも拘らず、徒らに他人の思想の性格を問題にする。かくの如きを我々はソフィストと呼ぶ。ソフィストには思想の存在的真理性も存在論的真理性も共に何等根本的に問題にならない。彼等は正しく知ろうとも、ほんとに理解しようともしない、彼等にとっては実践が問題でないからである。ソフィストの輩出、殊に彼等が批判家、批判の批判家の名において出現するということは思想の危機のひとつの徴候である。ソフィストはただロゴス（言葉）のうちに立て籠り、ロゴスをのみ楯とするものである。彼等には超越の問題が顕わでない。超越は実践の立場において二重の超越として現実的になる。実践は一切のソフィズムを粉砕する。

二

危機意識の性質をよりよく理解するために、危機というものが何であるかを明かにしなければならぬ。一般的にいうと、危機は特定の情勢を指すであろう。危機といわれる特定の情勢の、その特殊性の何であるかを規定するに先立って、いったい情勢というのは何であるかが哲学的に究明されねばならぬ。しかるに情勢が何であるかは、その概念を環境の概念と関係させながらこれと区別することによって適切に説明されるであろう。環境、情勢、危機という三つの概念は一定の連関において考えることができる。歴史的なものはすべて環境のうちにある。情勢は或る意味では環境と同じである。けれども環境という場合と情勢という場合とでは区別がある。そこで先ず環境の概念と情勢の概念との連関は次のように規定されねばならぬであろう。

第一、環境の概念がいわば静態的であるのに対して、情勢の概念は動態的である。言い換えると、情勢といううちには運動及び変化が含まれる。情勢は動き、変化する、動くもの、変化するものとして情勢なのである。情勢に関しては特にその動態が強調されているところから、環境というと普通直ちに自然的環境もしくは環境的自然が考えられるのに反し、情勢という場合には社会的情勢とか歴史的情勢とかが考えられるのがつねである。情勢のかような運動性乃至変化性はその歴史性を意味するのでなければならぬ。しかるに歴史性の最も根本的な規定は時間性である。従って時間的ということが情勢の概念にとって構成的であって、これに対して環境の概念はむしろ空間的と考えられるであろう。環境が歴史的、時間的でないというのではない、ただ、環境の概念においては顕わでないような規定が情勢の概念においては前面に現われているのである。情勢はすべて時期的 epochal である、ひとはいつでも一定の時代、一定の時期の、特に現代の、現下の情勢について語る。歴史的時間的規定を離れて情勢は考えられない。この規定と関係して情勢の一回性ということが考えられる。情勢は一回的な、繰返さぬものとして現実的に情勢の意味をもっている。

第二、私は『歴史哲学』のなかで、環境といわれるものが客体的な存在を意味しながら主体的な事実を予想するということを、種々の方面から明かにしておいた。ミリュウ（環境）にとってミリュウ（中心）であるものはもと客体の秩序に属するのでなく、客体とは秩序を異にする主体でなければならない。このことは情勢の概念において更に一層明瞭になるであろう。情勢は或る客体的なものである、ひとは客体的情勢という。しかしながら単なる客体の秩序もしくは立場において情勢というものは考えられない。環境と情勢を概念上区別するとき、後者においては前者にとって予想されているものが正面に現われ、前者にとって外にあるものが内に喰い込んでいる。かようなものは主体にほかならない。主体の概念を含めてでなければ客体的なものとしての情勢は考えられない。いわゆる主体的条件を除いて客観的情勢というものは情勢の意味においては存しない。環境は主体にとって外に或いはそばにある。これに反して情勢においては主体はその内に、一緒にある、しかも内に或いは一緒にということは、この場合静的な、融合的な関係を現わすのでなく、動的な対立的な関係を現わすのである。それ故に情勢は主体と客体との弁証法の上に立ち、この弁証法が客体の方面から捉えられたものが情勢である。私は情勢を運動的として規定したが、それは単に客体的なものの運動をいうのでなく、主体と客体との弁証法の意味において運動的ということが基礎的である。そしてかような弁証法は存在の歴史性の一般的規定である故に、情勢はすべて歴史的情勢といわれる。客観的情勢はもと歴史的情勢として情勢なのである。

第三、客体の方面から情勢として捉えられる弁証法は、主体の方面から捉えるとき実践である。具体的な意味における実践はつねに一定の情勢における実践であり、現実的な意味における情勢は実践を離れて考えることができぬ。情勢の概念にとって実践が構成的である。それだから植物や動物についてはは環境のうちにあるといわれるにしても、情勢においてあるとはいわれない。植物や動物の運動は実践とは考えられないからである。人間の運動が実践であるのは、人間においては主体と客体との分裂、従って自己自身における客体から主体への超越があるためである。宇宙における人間の位置、その特殊地位は、これによって与えられている。かようにして自己自身を対象化することのできる人間は、自然の一部分として自然の内にありながら自然の外に立ってこれを対象化することができる。人間は自然の弁証法的対立物である。そしてかような人間の自己自身における超越は同時に人間のロゴスを可能にするであろう。或いはロゴスの媒介を通じて人間には客体から主体への超越が属している。そこでまた本来の意味における実践はアリストテレスがいったように πράξεις μετὰ λόγου という規定をもっている。この μετὰ λόγου ということは厳密に考えられねばならない。それはもと何等かの既成の理論をもってということではない、むしろ我々は実践するときロゴスの間にあるのである、実践と一緒にロゴスが生れるからである。というのは、ロゴスの可能になる条件は同時に実践の可能になる条件であり、そしてそれは人間における客体から主体への超越である。単に客体的な運動は実践でなく、実践にはロゴスをもって或いはロゴスの間においてということがなければならぬ。実践は主体と客体との弁証法の上に立ち、この弁証法が主体の方面から捉えられたものにほかならない。環境の概念も根柢において主体と客体との弁証法を予想するのであるが、いまだ顕わでなく、情勢の概念において、実践が構成的であることによって、それが顕わになるのである。

　かくて要するに、環境の概念にとって予想されながらなお外的、抽象的であったものが、情勢の概念においては内的、現実的になると見られるであろう。しかるにいま危機の概念を分析するとき、我々は更にこの概念において、情勢の概念を環境の概念に対して特色附けたものが一段と顕わになってくるのを見出すであろう。
一、情勢が或る意味では特定の環境であるように、危機は特定の情勢である。客観的情勢といわれるように、客観的危機といわれる。しかしすでに述べたように情勢の概念は単に客体的なものとしては考えられず、主体と客体との弁証法を根柢として考えられる。危機の概念についても同様である。それのみでなくここでは、客体と主体或いは存在と事実との弁証法において、事実の存在に対する非連続的、超越的関係が顕わになる。これがちょうど危機といわれる特定の情勢の特殊性をなしている。コントなどに倣って歴史的時期を区別すると、危機的時期 époque critique は、有機的時期 époque organique に対し、後の場合その弁証法における存在と事実との連続的、内在的関係が顕わになるのと反対の特徴をもっている。およそ危機は変化を離れては考えられず、しかもその変化が全く有機的なものである限り考えられず、それが考えられるには変化乃至発展のうちに非連続或いは飛躍が存しなければならぬ、従ってその変化乃至発展は弁証法的なものでなければならない。危機は歴史の弁証法的発展における矛盾或いは対立の時期を意味している。しかしもしその弁証法が単に客体的に捉えられるならば、危機というものはあり得ないであろう。なぜなら単に客体的に見ると、危機的時期も一つの単なる過渡期に過ぎず、そのとき歴史の絶えざる推移の過程においていずれかの時期を特に危機としてこれに或る絶対性を認めるということはできない。単に客体的に見てゆく限り、アリストテレスの考えた如く、矛盾は反対として、反対は差異として、理解されることが可能であろう。絶対的な矛盾は主体との関係においてのみ考えられる。存在において現われる矛盾の根源は、他の場合に論究した如く、存在と事実との矛盾である。過渡期というものはどこまでも相対的なものである。これに反して危機は或る絶対性の要素、矛盾の、非連続の絶対性を除いては考えられない。そしてこのような絶対性はただ主体的にのみ捉えられることができる。危機は特定の情勢と見らるべきものであるから、その限りそれは客観的なものでなければならぬけれども、危機が特に絶対的な矛盾或いは矛盾の絶対性を意味する限り、それは根源的には存在と事実との弁証法における矛盾乃至対立を意味しなければならぬ。そこからして危機として理解される特定の情勢のもとでは、客観的情勢のうちに現われる矛盾において、客体に対する主体の超越的、非連続的方面が一面的に強く意識されるということがある。これがまさに危機意識の根本的な特質をなしている。

二、危機の概念はつねに或る全体性の概念と結び附いている。危機は全体にかかわるものとして危機なのである。単なる個々の変化、個々の変化の量的増加でさえもが、いまだ危機の本質を語るものでない。そこには必ず全体にかかわる意味がなければならぬ。単なる量的増加でなく、いわゆる量から質への転化の意味がなければならぬ。危機のかかわる全体は単に量的な意味のものであることができない。量的な見方は客体的な見方である。客体的な存在はどこまでも量的に見てゆくことができるであろう。量的な客体的な見方に立つ限り、過渡期という如きものは考えられても、危機は考えられない。キェルケゴールがいったように、単に客体的に捉えられた弁証法は量的弁証法であり、量的弁証法においては危機は考えられず、危機は主体的に捉えられた性質的弁証法においてのみ考えられ得る。存在としての歴史は不断の生成変化のうちにあり、我々はつねにその途上にあるのであって、終局的な全体は与えられておらず、また仮に与えられておるとしても我々はそれを認識することができないであろう。歴史についての単なる客観主義は要するに単なる相対主義に終るのほかない。しかるに危機は全体の立場においてのみ考えられ得るとすれば、かような全体は何等かの客体的な、従ってまたイデーとしての意味においても客観的な、全体であることができぬ。危機の概念にとって構成的な全体の立場というのはそれだから客体的存在とは秩序を異にする主体的事実の立場でなければならぬ。事実は存在とは秩序を異にするものとして存在に対して各々の瞬間において全体性の意味をもっている。この全体はそれぞれの瞬間における性質的全体である。かような事実的全体の立場において存在が限定されるとき、存在も全体性の意味を担うことができる。その立場において限定されるのは弁証法的全体であって、実践にかかわるのはかような弁証法的全体である。それは有機的全体と混同されてはならぬ。有機的全体の概念をもっては危機は考えられない。有機的発展において危機が考えられないように、イデー的見方においても危機は考えられない。イデーはいわゆるノエマ的なもの、従ってすでに客体の意味を含むからである。主体が私のいう事実の意味のものであるところに危機も考えられ得るのである。

三、私は情勢の概念が時間的であり、時期的であることを述べた。ところで時期の概念は既に或る全体の意味を含んでいる。蓋し Epoche, époque（時期）などいう近代語はギリシア語の ἐποχή から出ており、その動詞の形は ἐπέχω であって、これは前続詞 ἐπί（時間的にはあいだを意味する）と持つ、把握する habere という意味の動詞 ἔχω とから成っている。それだからエポックは不断に流れてゆく時間を或るひとつの全体として把握することを意味するであろう。直線として表象されるような客体的時間を主体的に中断し、円環的に把握するという意味がなければエポックは考えられない。従ってそれは私のいう意味での歴史的時間、即ち事実的時間によって構造附けられた存在の時間である。しかるに危機においては存在に対する事実の超越と非連続にアクセントがおかれるところから、危機は時期的というよりも瞬間的である。元来いわゆる危機的時期があるのでなく、危機的瞬間 moment critique があるのみであるといわれるであろう。この瞬間は元来客体的時間における極小を意味するのではない。危機はつねに現在の危機であり、この現在は事実的時間の現在であって、瞬間として規定されるのである。危機がいつでも歴史的時間における現代と結び附いて考えられるのも、もとそれがこのような現在に属することを反映していると見られるであろう。現代は危機として捉えられることによって最もよくその現在性を顕わにすることができる。フィヒテは『現在の特徴』の中で地上生活の五つの根本時期を分ち、そして彼の現代をそれらの諸時期のちょうどまんなかの時期、即ち人類歴史の第三の時期にあたるとなし、これを「罪悪の完成した状態」として特徴附け、かようにして現代を危機と見ることによってその実践的重要性を力説しようとした。しかしながらもフィヒテのいう如く人類歴史の全時期が先験的に構成され得るものとしたならば、その中で特に現代が危機的時期であるということは理解され難いであろう。そこでは全体の時期が既にイデー的に与えられているのであるから、その中において現代は一つの過渡期であるにしても、特に危機という如き意味を有し得ない。現在が絶対的な意味を有するときはじめて危機も考えられる。危機は瞬間から瞬間へと飛躍する非連続的な時間において考えられ得るのであり、このような時間は主体的な事実的時間にほかならない。それ故に危機意識は存在に対する事実の超越の関係の一面的な意識として生じ得るものである。

三

かようにして危機を根本的に特徴附けるものは、主体と客体との弁証法において、主体の客体に対する超越或いは非連続が一面的に強調されるということである。矛盾の集中的表現といわれる特定の情勢としての危機において顕わになるのは、主体と客体との矛盾であり、両者の対立的関係である。従って危機意識の最も根源的な規定は、私のいうミュトス的意識であるということである。ミュトスはいわゆる神話、単に神々や英雄たちの物語をいうのではない。ミュトス的意識の根本的性質はおよそ次の如きものである。一、ミュトスは対立もしくは矛盾の意識である。しかもこの対立が単に客体における対立でなく、主体と客体との対立であるところにミュトス的意識は生れる。二、ミュトスはつねに生成及び変化の観念と結び附いている。しかもこのような変化が全体にかかわる意味を有し、単に連続的でなく、非連続的飛躍的であるところにミュトス的意識は生れるのである。生成乃至変化の観念と結び附く故に、時間の観念がミュトスにとって構成的である。この時間の観念はもちろん客体的な存在の時間の観念ではない。むしろそこでは存在に対する事実の超越性が一面的に意識されるところから、この時間の観念は事実的時間の表現である。ミュトス的意識は現在性の意識であり、そしてその現在はもと瞬間として未来がそのうちに喰い入れる現在である故に、それはまた特殊な未来性の意識である。三、ミュトス的意識は客体に対する主体の超越の意識である故に、それは本来直観的である。直観的といっても、それは客体的直観的であるのでなく、主体的直覚的である。それは形あるものの形を見るのではなく、形なきものの形を見るのである。それはイデー的な直観でもない、却って主体が根源的に自然的なものの意味を含むところに、ミュトスは生れるのである。主体が事実であってイデーでなく、むしろ、第一次の自然ともいうべきものであるから、ミュトスは生れるのである。ミュトスについて深い思想を述べた人は、シェリングでも、バコーフェンでも、ニーチェでも、すべてかような「事実」を根柢としたといい得るであろう。

ミュトスの哲学に深入りすることは他の機会を待たねばならぬ。そこで特に問題になるのは、右の如き根源的なミュトス的意識の発展形態である。なぜなら我々の見るところによると危機意識はつねに何等かこのような根源的なミュトスを含むのであるから、ミュトス的意識の種々の発展形態において、ひとが危機に対して如何なる態度を取るかが明瞭に認められ得るからである。Mythos の発展形態は一般的に Mythologie と呼ぶことができる。ミュトスの発展はロゴス的に客体的存在の表象と結び附いて行われるのほかないであろう。私はここでそのようなミュトロギーのすべての種類について論ずることはできない。いま思想の危機の問題に対して特に関係があるのは、ミュトロギーのひとつの種類としてのユートピアである。

あらゆるユートピアはミュトス的意識から出てくる。ユートピアは純粋なミュトスではなくて My-tho-logie としてロゴス的加工物である。即ちユートピアは思惟の生産物である。ミュトスがミュトロギーにまで発展させられるには客体的表象と結び附くのほかないのであるから、あらゆるユートピアは存在の秩序において加工されたものである。しかるに危機意識としてのミュトス的意識はすぐれた意味において時間的であり、その時間は瞬間として本来の未来性によってアクセント附けられた現在であるところから、ミュトスがユートピアとなるとき、ユートピアはおのずから未来の像として構成される。このような未来は存在の時間における未来であり、かようなものとして「既に」の意味を担い、従って本来的な未来ではない。その限りすべてのユートピアは過去の像であるといわれ得るであろう。未来はこのとき瞬間的に限定されているのでないから、本来ただ無限定な彼方を意味することになり、従ってユートピアは遠い未来においてのみでなく、遥かな過去において求められてもよいことになる。ユートピアにおいては現実的な時間の意識は失われる。かくていまやユートピアは時間の観念から独立ならしめられ、永遠なるイデーとして構成されるに至る。懐古的なユートピアも、未来憧憬的なユートピアも、永遠なるイデーとしてのユートピアも、現実的な歴史的時間の意識の失われていることにおいては同じである。現実的な歴史的時間というのは事実的時間によって限定された存在の時間である。このようにして我々はユートピアにおいて本来のミュトスがその反対物に転形するのを見るであろう。ミュトスが根源的な時間意識から生れたものであるのに反し、ユートピアにおいては現実的な時間意識が失われる。ミュトスが対立または矛盾の意識から生れたものであるのに反し、ユートピアは均衡と調和の像であるのがつねである。ミュトスが行為的意識から生れたものであるのに反し、ユートピアは単なる知的産物である。かようなことの生じたのはみな当然であったであろう。なぜならユートピアは危機の産物であるが、その危機を単に意識において、思想の上だけで克服しようとするところに生れるものであるからである。

　それだからといってミュトスは単純に斥けらるべきものではない。重要なのはそれを弁証法的に止揚するということである。実際、人間と動物との区別は先ずミュトスを有するか否かにあるといってもよいであろう。歴史的に見ても哲学や科学はもとミュトスから生れた。少くとも理論から区別される限りにおける思想の発展の根源は何等かミュトス的なものであるといわれ得るであろう。その意味で危機の経験なしには思想は生れないともいえる。或いはまた思想はミュトス的要素を含むことによって実践的であり得るといわれるであろう。ミュトスは主体的意識である。主体は事実即ち行的なもの Tat-sache である。従ってミュトスは或る行的意識である。そしてさきにいった如く実践 Praxis は主体的・客体的な活動として主体的な行を前提する限り、真に実践されつつある思想は何等かミュトス的要素を含んでいるといわれ得るであろう。ミュトス的要素を含むことによって思想は信の性格を得てくる。客観的に知られるだけでなく、主体的に信じられるのでなければ、思想は実践的とはならない。真に実践されつつある思想を或る人々のように直ちに宗教的であると考えるのは間違いであるにしても、それはミュトス的であるといわれ得るであろう。かような意味においてソレルの社会的ミュトス mythe social の思想は或る真理を含んでいる。しかしそれだからといってソレルの直接行動論には賛成することができない。真の実践は直接的でなく、媒介的でなければならぬ、それは理論によって媒介されねばならない。実践はつねに一定の客観的情勢における実践として理論的であることを要求されている。ユートピアにおいてミュトス的意識は弁証法的に止揚されるのでなく、却って既に述べた如くそこでは根源的な行的時間的意識としてのミュトス的意識は単純に否定されてしまうのである。ミュトスは存在論的認識と存在的認識との弁証法に止揚さるべきものであり、認識のかような弁証法は弁証法的な実践において現実的になる。かような実践においては危機は単に危機としてでなく同時にただ過渡期として捉えられる。或いは危機が情勢として、しかし情勢がまた危機として捉えられたところに真の実践があるともいい得るであろう。存在と事実との弁証法としての歴史の弁証法が真に弁証法的に、言い換えると、事実と存在とが単に非連続的としてでなく同時にまた連続的として捉えられねばならぬ。かような弁証法的な自覚がすぐれた意味におけるロゴスである。かようなロゴスは性格的である。しかしそれは価値から抽象的に区別された意味で性格的なのでなく、真に歴史的に性格的なのである。生ける思想はすべて歴史的性格を有し、歴史的性格において生きる。

世界観構成の理論

一

他の言葉と同じく世界観 Weltanschauung という言葉も歴史的起原をもっている。クレメンス・ボイムケルによると、この概念はもとロマンティク時代に、ロマンティクの精神において作られたものであって、ヨゼフ・ゲレスが一八〇七年に初めてその『ドイツ国民文学書』の中で "Weltanschauung" という概念を用いた。[*] 当時この概念は個々の専門の特殊的な見方に対し、その限界を越えて世界の全直観への視野の拡大を意味した。かような世界観的要求が例えばシュライエルマッヘルの『宗教講演』において如何に大きな役割を演じているかは周知のことであろう。世界の全体的な意味を統一的に理解し体験しようという態度がロマンティックを特徴附けていた。

＊ Vgl. Clemens Baeumker in : Philosophie der Gegenwart in Selbstdarstellungen, 1921. S.

51.

世界観の概念がこのようにロマンティクの精神から生れたということは、世界観の問題が今日おかれている精神的情況を知るために注意を要する。それによって我々は、何故に例えば今日、ロマンティクに対し、その代表者としてのシュライエルマッヘルに対し、彼の子供としての文化プロテスタント主義に対し、徹底的に戦いつつある弁証法的神学の如きが、世界観というものを排斥して無世界観的 Weltanschauungslos であるべきことを主張しているか、の事情を理解することができるであろう。* 弁証法的神学が世界観というとき、それは特定の意味即ちロマンティクの意味における世界観をいっている。我々はもちろん、この弁証法的神学もあらゆる意味で無世界観的であるのみでなく、却ってそれは一定の世界観即ち世界は神の創造したものであると見るキリスト教的世界観を有するということができる。しかしながら現在においても、世界観というと知らず識らずロマンティクの見方の分担されていることが稀でないのを考えると、無世界観的であるべきことを主張する弁証法的神学の態度も理由のないことでなく、むしろ痛切な時代批判の意味をもっているであろう。我々は世界観の概念と一緒にロマンティクの哲学的諸前提をも無批判に受け容れることのないように警戒しなければならない。ロマンティクは世界観的であろうとした、そこにそのひとつの特色があった。これに対して、いま神学的問題には立ち入らないにしても、世界観的ということを拒否する弁証法的神学によって、世界観の問題に関して投ぜられた重要な問題として、我々はなかでも次の如きものを挙げることができるであろう。――一、世界観は究極において理性の思想であるか。弁証法的神学は文化プロテスタント主義がキリスト教をも理性的文化であるかのように看做し、その信仰内容をも理性の自律的な支配に従属させ、これをひとつの理性量として思惟することに抗議する。かような理性量がそこでは世界観と呼ばれて排斥されている。それ故に世界観の問題にとって、世界観におけるいわば特に世界観的なものは理性の思想であるか否かが問題になるであろう。二、世界観というとき、多くの場合なにか統一的なもの、体系的なものが考えられる。そして実際ロマンティクの哲学は世界の全体的連関の調和的な、完結的な体系であることを期した。しかるに弁証法的神学によると、キリスト教の神の思想、人格の思想並びに創造者の思想は、ひとつの調和的な、完結的な世界理解の意味における「統一的な世界観」を基礎附けないばかりでなく、むしろこれを排除するものであり、キリスト教の神の信仰はまさにこのような世界観に対する意識的な、決然たる断念を意味している。創造されたものであるということは、これを正しく理解すると、絶えず新たに不安であるということ、「全体の意味」のうちに逃避し得ないということでなければならない。被造物である世界は原理的に全体として思想において把握することのできぬものであると考えられる。かようにして問題は、世界観におけるいわば特に世界観的なものの本性は体系性と完結性であるか否かということであろう。三、弁証法的神学は宗教哲学的にでなく原理的に神学的に考えることを欲する。文化プロテスタント主義における宗教哲学的考え方は重点を根本において人間の側に置くものであり、従ってこのものは人間的思惟の規範に対しては責任を負うにしても、神との関係においては無責任な――verantwortungslos 即ち神の呼び掛けに、かくてまた隣人の呼び掛けに応えることのない――思惟であるとして非難されるのである。故に問題は、現実の人間は世界における存在である限り、弁証法的神学の考えるのとは反対に、あらゆる現実的な思想は何等かの世界観を含まねばならぬにしても、ロマンティクにおいてのように一切の超越的なものを排して世界を世界そのものから解釈することができるか、或いは後にディルタイがロマンティクの精神を継いで定式化したように「生を生そのものから理解する」ことが可能であるか、ということでなければならない。以上の如き根本的な問を、美的乃至神秘的なロマンティク並びに観念論的な乃至理性主義的なオプティミスムスを却けて、「世界観」の否定を通じて根源的に問うたところに、世界観の問題に対する弁証法的神学の批判的（危機的）意味が認められるであろう。

＊ 例えば Fr. K. Schumann, Der Gottesgedanke und der Zerfall der Moderne, 1920 を見よ。

かようにして我々は今日、世界観とは何かという問を新たに問うことを要求されている。現代のいわゆる世界観学 Weltanschauungslehre は我々の問に果して満足な解答を与えるであろうか。この場合先ず我々はこの世界観学がやはりロマンティクの子供であることに注意しなければならない。世界観学というものが問題として自覚されるに至ったのはとりわけディルタイの業績に負うところであり、彼の説はその後に現われた種々の形態の世界観学に比して今も依然として模範的な価値をもっている。しかるにディルタイの哲学はその系統からいうとロマンティクに連なるものである。彼は世界観の根本類型として自然主義（実証論）、自由の観念論、客観的観念論の三つを区別したが、そのうち彼自身はロマンティクの哲学がそうであった客観的観念論に最も近く立っていた。そこで彼の世界観学も根本においてロマンティクの諸特徴を含んでいる。「世界観の究極の根源は生である」、とディルタイはいう。彼によると、生は多面性でありまた全体である。もろもろの哲学体系はこのような生の歴史におけるそれぞれ一面的な表現にほかならない。生の構造の諸主要契機の相交替する一面的な強調の結果として、世界観はあらゆる場合にもろもろの対立において現われる。けれどもこのような諸対立はつねに一つの共通の地盤の上にある。諸体系の間の諸矛盾は自己をその諸主要形態において表現する生命の多面性にもとづくのであるから、もしひとがこれらの諸主要形態を生命の種々の方面の相対的な表現として捉えるならば、それらの諸矛盾は矛盾でなく単なる差異に過ぎないことになる。かようなディルタイの世界観論の中心思想の根柢に見られるのは明かに、有機体説的、連続観的、表現論的、類型学的等の、ロマンティクと共通類似の思想であって、我々の単純に与し得ないものである。その点についてはこれまで屢々批評を加えておいたから、ここではもはや繰り返さないであろう。言うまでもなく我々はロマンティクを決してただ非難するものではない。ロマンティクの特に大きな功績は歴史的意識を発達させたことにある。ディルタイの世界観学は成熟した歴史的意識の所産としてその意図においても、その方法においても、その内容においても、たしかに多くの貴重なものを含んでいる。歴史的意識はつねに世界観学の基礎になくてはならぬものである。マックス・シェーレルなどの世界観論はこの点において欠けていると思う。しかしながらディルタイにおいて歴史的意識は先ずいわゆる歴史主義に、詳しくいうと歴史的相対主義に陥っている。オスワルト・シュペングレルの形態学的な世界観論の如きにおいてはこの傾向は更に甚だしいであろう。歴史的意識をかような相対主義から救い、しかも歴史的意識の否定としての絶対主義にも陥ることなく、歴史的意識の本来あるべき相対と絶対との弁証法の上に世界観学を据えることが、今日我々の課題でなければならぬであろう。次に歴史的意識はディルタイにおいてその相対主義的傾向とも関係して解釈学的立場と結び附いている。それはもろもろの世界観を全体的な生のそれぞれの表現として理解することによって生の豊富な内容を享受するにとどまる。それは単に理解的、従って観想的であって、実践的見地を含んでいない。しかるにもし世界観学がただ世界観を解釈するだけのものであるとしたならば、我々の今日の問題は、シェーレルの言葉を借りると、世界観学 Weltanschauungslehre ではなくむしろ世界観定立 Weltanschauungssetzung であるといわねばならぬであろう。* 私は絶えず本来の歴史的意識は実践の立場に立つべきことを主張してきた。もとより哲学は科学である限り世界を解釈しなければならず、理論は実践にとって重要である。哲学は世界観の問題についても一定の解釈を与え、理論を提供しなければならぬ。世界観の定立 Setzung にしても、歴史的出来事として歴史的情況において行われるものである限り、歴史上に存在する種々の世界観に対する批判的対質 Auseinandersetzung をつねに予想している。そしてこのような対質にとって世界観学は必要な理論となるべきものである。

＊ Vgl. M. Scheler, Weltanschauungslehre. Soziologie und Weltanschauungssetzung (Moralia, 1923)

しかるに現代の世界観学の多くが世界観定立に関して消極的乃至懐疑的或いは否定的態度をもって出発していることは注目に値するであろう。そのことが実は世界観学と呼ばれるものの特色をなし、まさに世界観学の立場を形作るかのようにさえ思われる。世界観学の問題及びその解決は或る意味ではディルタイよりもむしろヘーゲルにおいて一層深邃雄大な形をとって現われていると見ることもでき、また前者の世界観学はその発展において次第に後者の現象学の立場に接近していったと解することもできる。ディルタイは世界観学の課題を特に「哲学体系の現象学」とも称している。しかしながら彼は当時勢力を有した実証主義によって弱められたロマンティケルであった。彼は独自の形而上学的体系の建設の熱情に燃えていたヘーゲルなどとは反対に学的体系としての形而上学はもはや不可能であると考えた。ディルタイによると、「形而上学的科学」は歴史的に制限された現象である。言い換えると、過去において可能であったような形而上学的組織は以後もはや不可能にされてしまっている。尤も人間の内奥における人格的経験としての「形而上学的意識」は将来も永久に存続するものと見られる。そこで哲学が形而上学に関して現在なお為すことができ、また為すべきことは、みずからひとつの形而上学を樹立することではなく、たかだか形而上学についての歴史学的心理学的理解を得ること、形而上学の作られる歴史的心理的諸条件を探るということである。全体として彼においては諦めと懐疑の気分が支配している。彼は、ルードルフ・ハイムなどと同じように、独創的な積極的な形而上学の組織の時代はもはや過ぎ去って喚び戻し難く、歴史的考察が構成と建設とに代るべき場合であるという意見であった。このようにしてディルタイにおける世界観学は、独自の世界観的哲学の樹立を断念した結果、もろもろの世界観の歴史的心理的諸条件を解明するという企図に出たものと解することができる。しかしながらそれにも拘らず彼の世界観学も実をいうと世界観的に無前提であるのではない。その基礎とされる生の哲学そのものがまさにひとつの世界観を表わしている。同様の事情はカール・ヤスペルスの世界観学の場合にも見出されるであろう。ヤスペルスにとっては世界観学は世界観の心理学にほかならず、本来の哲学には属しない。哲学者は静かな、責任をとらない観察者ではなくて、世界を動かす者、形成する者である。真に哲学の名に値する哲学は予言者的哲学である、哲学はかようなものとして価値表を掲げ、世界の意味と目的とを示し、人間生活に衝動を与え、即ち一言でいうと世界観を樹てる。世界観の心理学はこのような予言者的哲学とは反対の性質のものである。それは没価値的な、世界観的に無前提な、普遍的な観察であって、世界観の定立のために一定の態度をとるべきものでない。このヤスペルスの見方はマックス・ウェーベルの思想に影響されているが、しかるにウェーベルが哲学を予言者的なものと考えることによって、哲学との区別において確立しようとした科学の理念そのものもすでに一定の世界観の上に立っているといわれるであろう。マックス・シェーレルも述べた如く、今日ひとの一般に科学と呼ぶものがすでにそれ自身唯一つの、即ち西洋的な世界観の所産であり、ただこのような世界観の支配のもとにおいてのみ可能であるとも考えられるであろう。科学と世界観との制約関係を明かにすることは世界観学のひとつの重要な課題でなければならぬ。ヤスペルスの世界観の心理学も世界観的に無前提なのでなく、いわゆる実存哲学の基礎に立っているのであって、彼の世界観論の面白さもこれにかかっている。かようにして一般の如何なる世界観学も、それがヤスペルスのいうように世界観の心理学であるにしても、或いはマンハイムなどにとっての如く知識社会学の一領域であるにしても、それ自身一定の世界観に制約されており、そしてその制約関係を解明することがまさに世界観学の問題でなければならぬとすれば、世界観学は究極において心理学でも社会学でもなく、――それらの価値はもとより否定さるべきでないが、――ディルタイのいうような「哲学の哲学」でなければならぬであろう。哲学の哲学は言うまでもなくひとつの哲学である故に、世界観を考察する立場はそれ自身世界観的に規定されている。ここにおいて世界観学はディルタイのいう歴史的自省 geschichtliche Selbstbesinnung の意味をもたねばならぬ。自省は単なる自省でなく、どこまでも歴史的自省でなければならぬ。けれども歴史的自省はディルタイにおいてのように単に観想的、解釈学的な立場にとどまるべきでなく、批判的、実践的な、マルクスの意味した如き自己了解 Selbstverständigung というところがなくてはならない。そうでなければ世界観学と世界観定立との間に積極的な関係は成り立たないであろう。簡単にいうと、歴史的自省は弁証法的でなければならぬ。弁証法的に自覚することによってはじめて世界観学は循環的であるという、即ち世界観学はみずから一定の世界観的前提に立っているという非難に打ち克ち得るのである。しかしこの場合弁証法的というのは如何なることであろうか。私はそれをここに世界観の構成を究明することによって具体的に示そうと思う。

二

さて世界観 Weltanschauung のもと如何なるものであるかを明かにするために、先ずこの概念を世界像 Weltbild の概念と区別することから始めるのが便宜であろう。二つの概念を明瞭に区別して用いたものにデンネルトの如きがある。* デンネルトは世界像の概念を自然研究によって得られた自然或いは世界についての経験の全体という意味に規定した。

従ってそれは自然科学と同じ範囲のものであって、自然科学の成果或いはむしろ自然科学の目標を表わすことになる。世界像のかような意味に相応して、我々が現在もっている世界像は、もしなにか新しい経験によってその或る誤謬が発見されるや否や、いつでも訂正されるものである。即ち世界像は動揺する性質のものである。これは悲しむべきことでなく、世界像そのものの本性のうちに理由を有することであって、それがまた研究の進歩に対する刺戟ともなるのである。ところでデンネルトによると、世界像は世界の説明ではない。この点彼は、自然科学の任務は自然のうちに行われる現象をできるだけ完全に、できるだけ簡単に記述することであると考えたキルヒホフの見方に従っている。しかるに世界観においては問題の提出が根本的に別種のものであり、即ち形而上学的である。世界観は世界をその形而上学的根拠から展開し説明するのであって、このような説明に対する欲求は、デンネルトの意見によると、すべての思惟する人間のうちに存し、従ってそれを満足させることはまたまことに正当な努力である。世界観の思惟動機も思惟手段も自然科学におけると同じでなく、形而上学的のものである。世界像は「世界についての感覚的経験のまさに現在の総量」を含み、これに反して世界観は「世界像から供せられた材料をいわば形而上学的に一つの世界説明にまで加工する」のである。その世界説明は記述的である自然科学の領分を越えた自然哲学にほかならないと考えられる。

＊　E. Dennert, Weltbild und Weltanschauung, 1908.

自然科学の仕事は自然現象の説明でなく記述であるとするキルヒホフ流の考え方についての議論は姑らく措くとしても、デンネルトの規定した如き世界像及び世界観の概念は第一に狭きに過ぎる。彼が世界像というのは自然科学の範囲のものであり、従ってそれをどのように高めるにしてもプランクのいわゆる物理的世界像の如きものであるのほかなく、それに対応する世界観の概念も彼においては自然哲学のことと考えられた。しかるにディルタイによって道を開かれた世界観学の明かにしたことは、単に理論的な哲学のみが世界観の担い手であるのではなく、あらゆる領域の文化が世界観を含むということであった。かように包括的な世界観の概念に対応するものとして同様に包括的な世界像の概念が要求されるであろう。また実際ひとは物理的世界像という以外、芸術的世界像などという言葉を用い、更に哲学的世界像という言葉さえ用いている。かような事情において私は、世界像とはロゴス的意識の形態であるという定義を与えようと思う。ここにロゴス的意識というのは思惟とか理性とかいうものに限らず、すべて対象もしくは客体を志向し、いわば対象を含み、対象性もしくは客観性を有する意識或いは観念の形態である。あらゆる人間の意識はかくの如きロゴス的な方向、象面、契機を含んでいる。それだから単に自然科学者のみでなく、社会科学者も、芸術家も、みな何等かの世界像をもち、そして日常の人間も、彼等は彼等で自然的な世界像をもっている。世界像は対象的意識の諸内容の総体である。これに対して世界観は如何に区別され、また何故に区別されねばならないであろうか。この場合デンネルトが自然哲学を世界観と看做したのを拡張して、哲学を一般に世界観と考え得るであろうか。しかしそれは少くとも不精密であることを免れないようである。論理学の如きものは除くにしても、哲学そのものにおいてなお世界像的なものと世界観的なものとを区別し得るのである。いわゆる厳密科学としての哲学の理念において求められているのはひとつの世界像、即ち哲学的世界像であるともいい得るであろう。ロゴス的意識の与えるものはどこまでも世界像であって、それがよしイデア的世界即ちいわゆる mundus intelligibilis（可想界）にまで至るにしてもなお世界像と考えらるべきである。フッサールは『厳密科学としての哲学』という論文の中で、ディルタイの批判に関連して「世界観的哲学」と「科学的哲学」とは飽くまでも区別されねばならない二つのイデーであると論じている。しかしながら我々はいわゆる科学的哲学、フッサールの現象学の根柢にもなお世界観的なものを見出し得るであろう。重要なのはむしろ世界像と世界観とを区別し、両者の統一と共に、世界像（哲学的世界像をも含めて）の世界観に対する相対的独立性乃至自律性を基礎附けるということである。哲学的世界像は自覚的な世界観、シェーレルのいう教養の世界観 Bildungs-weltanschauung の定立と特別の関係があるにしても、哲学的世界像がすなわち世界観であるのではないであろう。世界観的であるということは哲学にとって避け難い必然的な要求であるにしても、哲学と世界観とを直ちに同一視することはできないであろう。そしてまた或る民族、或る時代の世界観は必ずしもつねに哲学のうちに最もよく表現されているとは限らぬであろう。

ところでディルタイは、世界観は単なる思惟の産物でなく、我々の心的全体の構造から発すると考え、世界観の構造について次のように述べている。「すべての世界観は、生の謎の完全な解決を与えようと企てる場合、規則的に同一の構造を含んでいる。この構造はいつでも、世界像の基礎の上に世界の意義及び意味に関する問題が決定され、そしてそこから行動にとっての理想、最上の善、最高の原則が導き出されるという一つの連関である。それは心的法則性によって規定されているのであって、これによると生活過程における現実の把捉は状態及び対象の快不快、適不適、認否認における価値判断の土台であり、そして次にこの生の評価はまた意志決定にとってその下層を形作っている。*」世界観は単なる認識の要求から発生するのでなくて生の全体のうちにその根源をもっているというディルタイの説は認められねばならぬであろう。世界観の理解は当然この根本的見地から出立せねばならぬにしても、問題はそのような生を如何に見るかということである。そしてその場合我々はディルタイに追随することができない。一、ディルタイは生を有機体説的に解釈した。しかるに我々の哲学的規定によると、人間は弁証法的なもの即ち主体と客体との弁証法的統一である。またディルタイが生というとき、それは心理的なものと理解されたのに反して、我々にとっては意識はいわば主体と客体との中間に位し、主体と客体とを媒介して人間が主体と客体との弁証法的中間者であることを自覚させるものである。意識は客体の主体への方向における極限であると共に主体の客体への方向における極限である。意識は極限的本質のものである。従ってそれは主体でもなければ客体でもなく、同時に主体とも客体とも見られることができる。二、このことに相応して意識そのものの構造が哲学上弁証法的に規定されねばならない。ディルタイは心的全体を構造機関として捉えた。構造連関というのは彼においてひとつの有機体説的概念である。我々はもとよりヒュームなどの心理学の如き原子論的な見方を却けねばならないが、またかくの如き有機体説的な見方を取ることもできない。我々の哲学的人間学の弁証法的な立場は人間の意識そのものをも弁証法的に、即ちそれを対立物の統一として理解することを要求する。そして我々は意識の構成をロゴス的意識とパトス的意識との弁証法によって考える。ロゴスとパトスとは意識の相反する方向、象面、契機を表わす対立物である。前者が客体をその客観性において顕わにするものであるとすれば、後者は主体をその主体性において顕わにするものである。ロゴス的意識は高まるに応じて次第にいわば対象を含み、対象性を得るのに反して、パトス的意識は深まるに従って次第にいわば対象を失い、無対象となる。対象的なロゴス的意識には種々の段階が考えられ、ギリシア哲学以来普通に感覚から始めて、構想力、悟性、理性というような区別が認められているのである。それと同様に、そして恐らくそれに相応して、パトス的意識にも種々の段階を区別することができ、例えばこれを感覚、感情、意志、直覚というように考えることができるであろう。しかもロゴスとパトスとはつねに弁証法的に結合している。それだから我々は客体と直接に結び附いたロゴス的方向の意識を感覚と呼ぶと共に、また同様のパトス的意識を感覚というわけである。即ち感覚的ということは、一方では客体から受取る最初の対象的な意識を表わすと同時に、他方では客体に結び附いた主体的な意識、欲情の如きものを表わしている。ドイツ語の Sinnlichkeit などにしても同様であって、この語は例えばカントの第一批判書と第二批判書とでは違ったニュアンスをもって使われていると思われる。かように最初の段階において直接的統一的であったロゴス的意識とパトス的意識とは次第にその間の対立を明瞭に現わしてくるように見えるが、両者が全く無関係になってしまうのでないことは、例えば思惟の活動に属する判断の根柢にも、現代の判断論においてやかましく論じられたように、肯定もしくは否定、承認もしくは否認の決定として意志が存在するということによっても知られるであろう。構想力 Einbildungskraft が特別に感情と関係のあることは、これが芸術の能力と考えられることからも理解されるであろう。ところでその最高の段階においてロゴスとパトスとが如何なる関係にあるかは、既に古くから存する認識と愛の問題、或いはまたいわゆる知的直観の問題等に関係して考えることができるであろう。対象的なロゴス的意識も高まるに従ってカントの純粋理性批判におけるイデーの如く或る主観性を得てくるし、主体的なパトス的意識も降るに従って感覚においての如く直接に客体を内容とするようになる。主観性に昇ることが前者の要求であるとすれば、対象的になることは後者の要求であるともいえる。そこに弁証法的中間者である人間の意識の真の姿が見られはしないか。そこに意識の本性である緊張ということも考えられるであろう。ロゴス的意識とパトス的意識との弁証法を基礎とする新しい精神現象学の建設は世界観学にとっても重要な意味をもっている。しかし我々がここで指摘しようとするのはただ一般に意識の弁証法的な構造であって、それによって我々は意識に関する原子論、特に有機体説に反対しようと欲するのである。三、意識の有機体説的な解釈に関連して、ディルタイは「世界観の土台はつねに一の世界像である」といっている。彼はなお伝統的な、表象（思惟）、感情、意志という「三つの意識の層」を考え、如何なる世界観もその最初の層の形作る世界像を土台にすると見るのである。このような考え方は有機体説と結び附いた観想的な態度とも無関係ではないであろう。これとは反対に、我々は世界観における土台的なものはパトス的なものであると考える。世界観におけるいわば特に世界観的なものはロゴス的意識の形態である世界像ではなくてパトス的意識の形態である。しかるに既に述べた如く、パトスは深まるとき無対象となるものであり、従ってそれはそれ自体としては形像的 bildlich なものではない。原罪の意識、運命の意識などは本来かような無対象なパトスとして、或いは「無」のパトスとして説明さるべきものであろう。もとより意識の弁証法に従ってパトスはロゴスと結び附き、そのようなパトスも形像的になる必然性が存している。従って如何なる世界観もつねに世界像を含むことが必然であるにしても、世界観にとって土台は世界像であるのではない。その土台は対象的な意識でなくむしろ主体的な意識である。故にもし世界というものが単に客体的なものをいうならば、世界観における本来的なものは何等世界観ではないということもできるであろう。更にまたディルタイのように意識の構造を有機的連続的に考えたのでは、世界像の世界観に対する相対的独立性も十分に考えられず、かくては科学が相対的には世界観から独立に自律的に自己自身の世界像を作る可能性も満足に説明されないであろう。それにはロゴスとパトスとの弁証法的な非連続を認めることが必要なのである。

＊ Vgl. Dilthey, Weltanschauungslehre, WW. VIII, S. 82ff.

このようにして世界観が世界像を含む必然性と共に世界観における固有なものが主体的な意識であることが示された後に、我々は世界観の本来の性質を世界像と対立する方面から規定しておこう。一、世界像はロゴス的意識の形態である。ロゴス的意識は、もとロゴスという語が示す如く――なぜなら λογος は λεγω（私は集める）から出ている――、結合するという性質を有し、結合或いは統一の方向において高まってゆく。さきにいった如く、ロゴス的意識は普通に感覚、構想力、悟性、理性というように順序附けられるが、この区別はカントにおいても統一の程度の区別を意味したと見ることができる。カントによると認識の最高の統一の能力は理性である。理性の統一を表わすものはイデーと呼ばれる。そしてただイデーのみが全体性に関係する。イデーはカントによると「一切の自然認識の体系的統一の規制的原理の図式」である。* ここでカントがイデーに与えた図式としての深い意味を解釈することは措くにしても、ともかく我々のロゴス的認識はイデーの図式的意味に従って体系的統一を求める。体系性は世界像の理念であり、また実際に世界像は客体的認識としてつねに何等か体系性を含んでいる。しかるに世界観的なものの固有の性質は、普通に考えられるのとは反対に、静的な体系的統一性にあるのではなく、むしろ根源的な動性にあるといわねばならぬ。「我々の世界観的な経験は、およそ我々がなおそのような経験をしている限り、不断の運動過程である。我々が世界、現実、目的を固定的に且つ自明のものとして有するとき、我々は未だ嘗て世界観的諸可能性の何等の経験もしなかったのであるか、それとも我々は殻の中で堅くなって、もはや何等そのような経験をしないのであるかである。」** 二、世界像は客体に関するものとして客体の担う根源的な「既に」の性質に従い、本来的な現在性、それ故にまた未来性を含まない。私が今日或る物理の法則を発見するとしても、それは「既に」その通りであったところのものであり、また私が今日或る数学の定理を初めて学んだとしても、私はその定理がその時から妥当し始めるとは考えないで、「既に」それはその通りであったと考える。そこにプラトンのいうイデアのアナムネーシス説の深い意味がある。かような世界像に対して世界観こそ真の現在に、また真の未来にかかわるものである。それこそ真に行為と結び附いたものである。三、世界像はその本性において性格的であるべきものではない。これに反して世界観は本来性格的なものである。性格的なものはパトス的なものである。性格的と個人的とは同じでなく、我々は他とパトスを共にすること Sympathie によって真に性格的となるのである。世界観は決して単に個人的なものでなく、或る団体の、或る民族の、或る階級の世界観でもある。ひとが如何なる哲学をとるかは彼の性格にかかっている、という風なことをフィヒテがいった。これは我々が説明したような意味では全く正しい。しかし哲学はそのあらゆる部分において世界観的であるのではなく世界像的な部分もあり、またひとは他とパトスを共にし得ぬものではないということを附け加えねばならぬであろう。

* Vgl. Kant, Kritik der reinen Vernunft, B. 702.

** K. Jaspers, Psychologie der Weltanschauungen. 2te Aufl, 1922, S. 7.

もとより世界像と世界観とは単に抽象的に区別さるべきものでなく、重要なのはむしろ両者の弁証法的関係を把握するということである。先ず世界像は何等かの仕方で世界観によって制約されている。尤もこれはすべての場合に自覚されていることではない。蓋し世界像との差別の方面から見る限り、世界観は根源的には主体的事実によって規定されるものであるが、他の場合に述べた如く、主体的事実は単に意識において自己を表出するばかりでなく、むしろそれに先立って意識を超出して存在としての歴史（ロゴスとしての歴史に属する世界像もこのとき存在としての歴史の一種と看做し得る）において自己を表現するものであるからである。そこでまたひとは自己の有する世界観をつねにみずから意識しているわけでなく、彼の世界観が実際に如何なるものであるかは却って彼の行うところにおいて最もよく知られるということもできる。次に現実の世界観は何等かの世界像を含むのがつねである。従ってそれはその時代の有する世界像によって制約されている。哲学的世界観についていうと、それは特にその時代の科学の状態によって制約されている。そしてまた現実的であろうとする世界観は何よりもその時代の科学的世界像に結び附かなければならない。人間は単に主体的事実でなく同時に客体的存在である故に、この要求は根本的であり必然的である。それによって世界観は初めて真に体系的となることもできるであろう。従って世界観の発展のためには科学的世界像の発展が必要であるが、それには世界像の世界観からの相対的独立が確保されねばならぬ。科学がこのような独立を要求することは正当であり、それによって科学は却って真に世界観の発展に役立つことができる。自然的な世界観においては世界像と世界観とは直接的な統一をなしている。その統一の破れることが世界観の発展の契機となるのである。更に歴史的に見ると、社会の均衡の時期においてのように世界像と世界観との間に有機的連続が与えられている場合、世界観はドグマ的形態をとり、社会の危機的時期においてのように世界観が世界像から超越する傾向の存する場合、世界観はミュトス的形態をとるということもあるであろう。しかし、ここではもはやこれ以上内容的な問題に立ち入ることをやめて、最後に再び世界観学の立場について一言述べておこう。既に明かになったことは世界観の弁証法的構成である。それはパトス的意識とロゴス的意識との弁証法によって制約されている。言い換えると世界観は世界像との弁証法的関係において構成され且つ発展するのである。しかるに人間の意識が弁証法的であるというのは人間が主体と客体との弁証法的統一であるからであり、かようなものとして人間は我々の言葉によると存在としての歴史に属すると共に事実としての歴史に与る。この二重の意味における歴史は弁証法的関係に立っている。歴史的自省はかくの如き弁証法の自覚でなければならない。もと歴史的自省というものが可能であるのも、二つの意味における歴史の関係が弁証法的、即ち単に連続的でなく、連続的であると共に非連続的であるからである。世界観は根本において事実としての歴史と存在としての歴史によって規定されているのであって、そこからそれは世界像と世界観との弁証法的構成を含み、そしてそのような弁証法のためにもと歴史的自省というものも可能であり、また必然に要求されるのでもある。ディルタイの如く世界像と世界観との関係を単に有機的連続的に見たのでは、何故にそこに歴史的自省が可能であるかも十分に説明され得ないであろう。

三木清略年譜

明治三十年（一八九七）〇歳　一月五日兵庫県揖保郡揖西村に資産家の長男として出生。

明治四十二年（一九〇九）十二歳　四月兵庫県立龍野中学校に入る。

大正三年（一九一四）十七歳　九月上京、第一高等学校に入る。宗教関係の書を愛読す。

大正五年（一九一六）十九歳　西田幾多郎の「善の研究」など読み哲学専攻の決意をする。

大正六年（一九一七）二十歳　七月京都に西田幾多郎を訪ね師弟の交りを結ぶ。九月京都帝国大学文学部哲学科に入学。

大正九年（一九二〇）二十三歳　五月「個性について」を「哲学研究」に発表。

大正十一年（一九二二）二十五歳　五月ドイツ留学。ハイデルベルクでリッケルト教授につき歴史哲学の研究をする。

大正十三年（一九二四）二十七歳　八月パリに移りパスカルの研究に専念す。

大正十四年（一九二五）二十八歳　十月帰朝。

大正十五年・昭和元年（一九二六）二十九歳　四月第三高等学校の講師となる。六月『パスカルに於ける人間の研究』（岩波書店）処女出版。年末より唯物史観の研究にかかる。

昭和二年（一九二七）三十歳　四月上京、法政大学文学部哲学科の主任教授となる。歳末より二週間岩波茂雄と中国旅行。

昭和三年（一九二八）三十一歳　『唯物史観と現代の意識』（岩波書店）出版。雑誌「新興科学の旗のもとに」（羽仁五郎と共同編集）を発刊。

昭和四年（一九二九）三十二歳　四月東畑喜美子と結婚『社会科学の予備概念』（鉄塔書院）『史的観念論の諸問題』（岩波書店）出版。

昭和五年（一九三〇）三十三歳　左翼陣営の三木哲学批判顕著となる。五月共産党への資金提供の嫌疑で検挙され、一時釈放、七月起訴、十一月まで豊多摩刑務所に拘留さる。七月マルクスエンゲルス『ドイッチェ・イデオロギー』訳（岩波文庫）出版。

昭和六年（一九三一）三十四歳　六月『観念形態論』（鉄塔書院）出版。
昭和七年（一九三二）三十五歳　四月『歴史哲学』（岩波書店）出版。
昭和八年（一九三三）三十六歳　一月『現代階級闘争の文学』（岩波講座「日本文学」の一分冊）を出版、発禁となる。六月『危機に於ける人間の立場』（鉄塔書院）出版。
昭和九年（一九三四）三十七歳　七月『人間学的文学論』（改造社）出版。
昭和十年（一九三五）三十八歳　六月『アリストテレス形而上学』（岩波書店）出版。
昭和十一年（一九三六）三十九歳　四月日本大学工学部講師に就任。十二月『時代と道徳』（作品社）出版。
昭和十三年（一九三八）四十一歳　十月『アリストテレス』（岩波書店）出版。
昭和十四年（一九三九）四十二歳　『現代の記録』（作品社）『ソクラテス』『構想力の論理第一』（岩波書店）出版。
昭和十五年（一九四〇）四十三歳　三月『哲学入門』（岩波書店）出版。中央公論の依頼で中国におもむく。
昭和十六年（一九四一）四十四歳　『新版現代哲学辞典』（日本評論社）中山伊知郎、永田清との共編『社会科学新辞典』（河出書房）『人生論ノート』（創元社）『哲学ノート』（河出書房）出版。
昭和十七年（一九四二）四十五歳　一月徴用をうけ陸軍宣伝班員としてマニラに赴き年末に帰国。『知識哲学』（小山書店）『続哲学ノート』（河出書房）『読書と人生』（小山書店）『技術哲学』（岩波書店）出版。
昭和二十年（一九四五）四十八歳　三月警視庁に検挙され、六月治安維持法の容疑者として巣鴨の東京拘置所に送らる。ついで中野の豊多摩刑務所にうつされ、九月二十六日獄中で死す。
★　著作の殆どは『三木清全集全二十巻』（岩波書店）に収録される。

河出文庫版解説

私は、どんな問題についても、何かものを書くときには、いつも三木さんの「哲学ノート」を参考にすることにしている。なぜなら大ていの文化問題についての深い洞察と、明快な解説がこのなかに見出されるからである。しかも三木さんの書いたものは、単に一つの問題についての三木さんの考えを述べただけではなく、その問題については、どのような考え方が可能であるかということを教えてくれる。したがって、その問題についての三木さんの考え方に賛成しない場合にも、なぜこちらが賛成できないかということを十分に納得することができる。

また一つの問題についてぼんやりと、あいまいに考えていたことが、三木さんと一緒にそれを考え直すことによって、自分の考え方がいかに粗雑であったかに気がつき、急に自分の頭が緻密になったような気がする。そして別の問題について考えるときにも、三木さんと一緒に考えたことが大へんに役に立つ。つまりものの見方、考え方について非常な訓練を受けるのである。私は三木さんのような頭脳こそ、パスカルのいう「幾何学的精神」であると思っているが、偉い思想家や哲学者はみなこの幾何学的精神を多量にもっている。

そして三木さんは日本人のなかでは珍らしく幾何学的精神を豊富にもった人であった。三木さんは、この本の序文に、「現実の問題の中に探り入ってそこから哲学的概念を構成し、これによって現実を照明するということはつねに私の願であった。取扱われている問題はこの十年近くの間、少くとも私の見るところでは、我が国において現実の問題であったのであり、今日もその現実性を少しも減じていないと考える。」と書いている。

この現実の問題と絶えず対決していたということは三木さんの書くものの、もう一つの大きな特色であった。現実の問題にいかに対処すべきかを教えることができてこそ真の哲学者と云えるのであるが、この点でも三木さんは同時代の哲学者のなかでは抜群であった。のみならず何よりも人間を愛し、人間の尊厳と自由と幸福を徹底的に守ろうとした三木さんは、それの妨げとなるものを現実のなかから一々鋭く抉り出して、それの巧妙に装われた正体を何人の眼にも明らかに見えるように暴露してみせた。その勇気と、人間愛は、いまなお読者を感動させるが、日本の現実は、三木さんの時代よりも決して好転していると云えない現在、三木さんの取扱った問題は、今日でも決して現実性を失ってはいないのである。

例えば本書のなかの「伝統論」を取ってみるがよい。「伝統は我々の行為によって伝統となるのであり、従って伝統も我々の作るものであるということができる。創造なしには伝統なく、伝統そのものが一つの創造に属している。伝統となるものも過去において創造されたものであるのみでなく、現在における創造を通じて伝統として生きたものになるのである。」という言葉などは、現在のわれわれが日夜悩みとしているものについて適切な解明を与えている。その他、これに類する言葉はこの「ノート」の至るところに見出されるであろう。

三木さんはまた非常な勉強家であった。ジャーナリズムの渦中にあったときも学問への精進を一日も怠ったことはなかった。それは、この「ノート」のなかにおさめられた論文は、それぞれジャーナリズムの注文に応じて書かれたものでありながら、同時に三木さんの主著であり、学問的労作である「構想力の論理」を書くためのノートであったことがよい証拠である。云いかえれば三木さんには一つの学問的体系があり、その体系にもとづいて現実の問題を考えていたのである。したがってこれらの文章は、思想的その日暮らしのジャーナリストや町の評論家の文章ではない。しっかりとした学問的な裏づけをもっている。今日でもこの「ノート」が少しも古くはならず、われわれに教えるところが多いのは、このしっかりとした基礎の上に立っているからである。

再び云えば、三木さんは非常な勉強家であった。その読書の範囲はおどろくべく広かった。戦後の思想界に於て問題になっているような西欧の思想家は大ていすでに三木さんの注目するところであり、その養分となっていた。したがって、この「ノート」は同時に三木さんの「読書ノート」であるということができよう。われわれはこの「ノート」のなかに引用され、三木さんの思考の手がかりとなり、その思考の発展に寄与した海外の思想家や文学者を、われわれもまた必要に応じて利用することができるであろうことを教えられる。このこともまた「ノート」のもつ大きな特長といってよい。

　三木さんは序文のなかで「これはノートである以上、諸君がこれを完成したものとして受取られることなく、むしろ材料として使用せられ、少くとも何物かこれに書き加えられ、乃至少くとも何程かはこれを書き直されるように期待したいのである。」と書いている。これは本書を読む人の最も注意をすべき点であって、この「ノート」が材料として、われわれに限りなく大きく役立つことが、この書の何よりの有り難い点なのであり、この書をいかに役立てうるかは、偏えに読者の力量にかかっているのである。

　私が初めて三木さんの知遇をえたのは京都の大学の学生だった頃であるから、すでに三十年以上も昔になる。それ以来、三木さんの直接、間接の教えを受けたことは実に大きい。私が身の程を省みずこの「ノート」の解説を引き受けたのも、いまもなお三木さんの著作から多くのものを学びつつあることを述べて深い感謝の意を表したかったからである。私は三木さんの希望された如く、年少の読者によって、この「ノート」に多くのものが書き加えられることを心より期待したい。

一九五四年五月二日

河盛好蔵

中公文庫版解説

長山靖生

『哲学ノート』がまとめられたのは昭和十六年のことだったが、戦後になるとブームと呼べるほどの人気を博し、以後、版元や判型を変えながらロングセラーを続けた。

三木清の名前は、戦後日本では特別な響きを持っていたように思う。戦前・戦中期の日本では、人々は自由に好きな本を読むこともままならない生活を強いられていた。その反動もあって、戦後の一時期には、読書離れがいわれる現代では想像もつかないような書物への渇望が広がった。戦中の空白を埋めるかのようにして、欧米からの新しい思想も続々と紹介された。自由で、解放的で、進歩を感じさせてくれる思想や創作が人気を集めたことはいうまでもない。

しかし三木清の人気は、必ずしも「新しさ」のためばかりではなかった。三木は戦前の自由主義的知識人の一面を代表しており、ヒューマニズムを追求する姿勢を貫いていた。また戦前のマルクス主義運動ともかかわり、その限界と欺瞞を目の当たりにした人でもあった。三木は戦後の日本がたどることになる繁栄と挫折の道筋を、戦前に短期間の間に駆け抜けるようにしてほぼ体験していた人でもあった。

しかも戦争末期に治安維持法違反容疑で逮捕、投獄され、過酷な扱いを受けたことが原因となって、戦後まもなく亡くなっている。その死は一種の殉教として受け止められた。三木は戦後の日本社会にとって、最も惜しまれた思想家のひとりだった。

三木の文章は必ずしも平易とはいえない（『哲学ノート』は分かりやすく書かれているが）。それでも不思議に胸に響いてくるところが多いのは、彼が哲学を抽象的な思考として展開しているのではなく、具体的な現実と向き合いながら考え、書いていたからだと思う。あるいは、こう言ったほうがいいのかもしれない。真に現実的なものは、日常の表面ではなく、その奥にあって、観念的なレベルでの思索をめぐらすことこそが、本当に現実と向き合う行為なのだ、と。

彼の思想と姿勢は、どのようにして培われたのだろうか。

三木清は明治三十年一月五日、兵庫県揖保郡揖西村（現在たつの市）に生まれた。大正三年、竜野中学を卒業して第一高等学校に進んだが、在学中に西田幾多郎の『善の研究』に感銘を受けたことが、彼の進路を決定付けることになった。三木は西田がいた京都帝国大学文学部哲学科に進むことになる。当時の哲学青年には、このようにして京大に進んだものが少なくなかった。華族でありながら学習院ではなく一高に学んだ近衛文麿も、そうしたひとりだった。後に三木と近衛はかかわりを持つことになる。

当時の京大には西田のほかにも哲学史の朝永三十郎、美学の深田康算、西洋史の坂口昂、中国学の内藤湖南、日本史の内田銀蔵などそうそうたる学者が揃っていた。また三木は友人の谷川徹三の影響もあって白樺派に傾倒し、特に有島武郎のヒューマニズムから感化を受けた。大正九年に京大を卒業した三木は、龍谷大学などで教鞭をとる一方、大学院で歴史哲学の研究を深めていたが、大正十一年に岩波書店の後援を受けてヨーロッパに留学することになる。ハイデルベルク、マールブルクを経てパリに移った三木は、そこではじめはリッケルトに、次いでハイデッガーに学んだ。ハイデッガーの実存的な存在論に深くひかれた三木は、その方法論と精神を学びつつ、パリでパスカル研究に没頭した（また三木はハイデッガーから直接、ディルタイの実証的歴史的研究について学んだものの、その人間観には違和感を覚えたらしく「世界観形成の理論」ではやや批判的に引用している）。この成果は、岩波書店発行の雑誌「思想」に連載され、大正十五年に『パスカルに於ける人間の研究』として刊行された。これが著述家としての三木のデビューとなった。

大正十四年に帰国した三木は、第三高等学校講師となり、存在論と歴史哲学との関係への探求を深め、〈不安〉の理論的、現実的な克服の手段として、マルクス主義にも関心を抱いた。唯物史観を人間学の側面から基礎付けようとの意図をもって書かれた『唯物史観と現代の意識』（昭和三）は、哲学界に大きな影響を与えたばかりでなく、昭和初頭のマルクス主義運動にも影響を与えた。

当時は多くの知識人がマルクス主義に関心を寄せており、現実の革命的な運動にコミットするものも少なくなかった。三木もそうしたうちのひとりだった。

三木は昭和二年に法政大学哲学科教授となって東京に移っていたが、翌年には、林達夫、羽仁五郎と共に『岩波講座　世界思潮』（全十二巻）の編纂にあたり、さらに羽仁五郎と共同編集で雑誌「新興科学の旗のもとに」を編集することになる。ちなみに雑誌の版元・鉄塔書院は、岩波書店の小林勇が作った出版社だった。こうしてマルクス主義の思想的指導者として頭角をあらわした三木は、昭和四年にはプロレタリア科学研究所創立（所長・秋田雨雀）に参加し、同年十一月に創刊された機関誌「プロレタリア科学」編集長となった。

ここで三木は、幅広い視野に立ち、マルクス主義の絶対性をいったん留保したうえで、日本の政治、経済、さらに文化全般に跨る問題を取り上げようとした。しかしそうした姿勢は所内の軋轢を生み、共産党系の服部之総、栗原百寿などから「観念的」「唯物史観歪曲」といった批判を浴びる原因にもなった。それは思想的な議論であると同時に、共産主義運動の主導権をめぐる党内政治的な政治闘争による三木批判という側面があった。さらにその直後、三木が共産党に資金提供していたことが発覚し、昭和五年五月に治安維持法違反容疑で検挙され、同年十一月まで豊多摩刑務所に拘置される事態となった。しかもこの間、プロレタリア科学研究所は三木を「非マルクス主義的」であるとして除名処分にしたのだった。

三木は本書収録の「指導者論」中で〈英雄崇拝はその根源において党派的であった〉と書き、〈指導者はそのリーダーシップを安定させるためにもこのようにそれを制度化することを求める〉と述べている。彼にその言葉を書かせたのは、おそらく観念的な思考ではなく、人生そのものから体得した実感だったろう。そうした三木だからこそ〈格率的倫理が没人格的或いは没人間的であるのに反して、人間的倫理の中心にはまさに人間が立っている〉（「倫理の人間」）といった洞察も、また重いのである。

このような形で「革命運動」に挫折した三木は、出獄後は柔軟な人間理解を目指して、論理的な批評精神を基調とした哲学的なヒューマニズムの探求へと、その関心を移していった感がある。それはマルクス主義もふくめて、それまで彼が惹かれてきた哲学、思想を総点検するということであり、主体と客体の問題を総括し、ロゴスとパトスの関係を弁証法的に統一した歴史哲学を確立しようという大きな目標へと向かっていった。

その後も三木の評論活動は、思想、哲学、文学、社会、政治など多方面にわたった。彼の思想は、左翼活動への弾圧が強まる時期にあって、良心的な自由主義を志向する人々にとって、大きな指針となった。昭和八年に反ファシズムのゆるやかな組織・学芸自由同盟がつくられたが、三木はその創設にもかかわっている。この団体は同年五月、ドイツで政権を取ったヒトラーがマルクス、フロイト、トーマス・マン、ハイネなどのマルクス主義ないし自由主義的な思想を表現した著作、あるいはユダヤ系作家の著作を〈非ドイツ的〉

であるという名目の下、焚書にする事件が起きたのに抗議するために、長谷川如是閑、新居格、谷川徹三、嶋中雄作、そして三木らが中心となって開催したドイツ問題懇談会を母体として結成されたものだった。日本でもドイツと同様の傾向が強まりつつあった時期であり、広津和郎、木村毅、久米正雄、菊池寛らも参加して、徳田秋声を会長として発足。三木はその実務的な中心として活動した。本書に収録されている論考の多くは、こうした時期に書かれたものだ。

また三木は哲学者、思想家であると同時に、文学・芸術についても深い造詣と強い関心を持っていた。昭和十二年には小林秀雄の誘いを受けて、「文学界」の同人に加わっている。

しかし大陸での戦火が拡大し、軍国主義的傾向が強まるに連れて、再び三木は政治的な活動に身を投じ、批判に晒されるようになる。昭和十一年に、近衛文麿のブレーンとして政策を研究するための団体・昭和研究会（主宰・後藤隆之介）が設立されると、後藤文夫、滝正雄、風見章、尾崎秀実、笠信太郎らと共に、これに参加したためである。

三木は軍部に引きずられた当時の現実政治に対しても、決して絶望することなく、多少とも自由主義的な部分と連携することで、平和的解決への軌道修正を図ろうとした。戦争拡大を収拾し、日本の覇権的行為を「東亜協同体」的なものへと修正しようと提唱したのも、そうした考えの表れだった。

しかし現実には、近衛は十分に政治的決断力を示すことはなかったし、三木らの理想主義的な主張は換骨奪胎されて、軍部に主導された当時の政府に利用される結果となっていったことは、周知のとおりだ。昭和研究会は、左派からは国策協力団体といわれ、右派からは「アカ」と攻撃され、大政翼賛会が発足した直後の昭和十五年十月に解散することになる。

そして戦争末期、治安維持法違反容疑者を匿った罪で、三木自身も同法によって逮捕され、死に至ることになるのだった。

このような暗い時代に生き、困難な道を歩んだにもかかわらず、三木の論考には広範な哲学的素養と現実に対する多感な適応力があらわれているばかりでなく、力強い希望さえも感じさせるのは、不思議なばかりだ。彼は立ち回りの下手な、誠実すぎる人だったように思われる。また沈黙するには義侠心の強すぎる人だったように思われる。しかし、だからこそ現代の日本社会にとっても、三木の精神と思想から学ぶものはきわめて大きい。

編集付記

●本書は一九五四年五月に河出書房から刊行された河出文庫『哲学ノート』を底本とした。

●新字新仮名表記に改めた。明らかな誤字・脱字は訂正した。

中公文庫

哲学《てつがく》ノート

2010年 4 月25日　初版発行
2020年11月30日　3 刷発行

著 者　三《み》 木《き》 清《きよし》

発行者　松 田 陽 三

発行所　中央公論新社
〒100-8152　東京都千代田区大手町1-7-1
電話　販売 03-5299-1730　編集 03-5299-1890
URL http://www.chuko.co.jp/

DTP　平面惑星
印 刷　三晃印刷
製 本　小泉製本

Published by CHUOKORON-SHINSHA, INC.
Printed in Japan　ISBN978-4-12-205309-0 C1110

定価はカバーに表示してあります。落丁本・乱丁本はお手数ですが小社販売部宛お送り下さい。送料小社負担にてお取り替えいたします。

各書目の下段の数字はISBNコードです。978－4－12が省略してあります。

中公文庫既刊より

い-83-1
考える人　口伝《オラクル》西洋哲学史　池田晶子
学術用語によらない日本語で、永遠に発生状態にある哲学の姿をそこなうことなく語ろうとする、〈哲学の巫女〉による大胆な試み。〈解説〉斎藤慶典
203164-7

い-25-4
東洋哲学覚書　意識の形而上学『大乗起信論』の哲学　井筒俊彦
六世紀以後の仏教思想史の流れをかえた『起信論』を東洋的哲学全体の共時論的構造化の為のテクストとして現代的視座から捉え直す。〈解説〉池田晶子
203902-5

い-22-2
問いつめられたパパとママの本　伊丹十三
どちらかといえば文学的なあなたのために。空ハナゼ青イノ？　赤チャンハドコカラクルノ？　科学的な物の考え方を身につけ、好奇心を伸ばすことのできる本。
205527-8

う-16-4
地獄の思想　日本精神の一系譜　梅原猛
生の暗さを凝視する地獄の思想が、人間への深い洞察と生命への真摯な態度を教え、日本人の魂の深みを形成した。日本文学分析の名著。〈解説〉小潟昭夫
204861-4

か-54-1
中空構造日本の深層　河合隼雄
日本人の心の深層を解明するモデルとして古事記神話における中空・均衡構造を提示し、西欧型構造と対比させ、その特質を論究する。〈解説〉吉田敦彦
203332-0

さ-48-1
プチ哲学　佐藤雅彦
ちょっとだけ深く考えてみる――それがプチ哲学。書き下ろし「プチ哲学的日々」を加えた決定版。考えることは楽しいと思える、題名も形も小さな小さな一冊。
204344-2

た-77-1
シュレディンガーの哲学する猫　竹内薫　竹内さなみ
サルトル、ウィトゲンシュタイン、ハイデガー、小林秀雄――古今東西の哲人たちの核心を紹介。時空を旅する猫とでかける、「究極の知」への冒険ファンタジー。
205076-1